城乡建设用地置换机理与风险研究

陈 春 张 维 著

国家自然科学基金项目（41201178）

重庆市教委科技项目（KJ1705114） 资助

科学出版社

北 京

内 容 简 介

　　随着我国城镇化的加速，经济发展遇到土地资源配置上的两大突出矛盾：一是"耕地保护"与"建设占用"之间的矛盾；二是"城市建设用地短缺"和"农村建设用地闲置"之间的矛盾。2004 年，中央出台城乡建设用地增减挂钩政策，其实质就是以耕地保护和建设用地节约集约利用为目标的城乡建设用地置换。重庆地票制度则是中央这一政策的地方实践，在重庆市域范围内实现城乡建设用地跨区域置换和市场配置。本书从行为主体、经济、空间三大维度对重庆地票的运行机理进行分析，剖析运行中的潜在风险，根据主要风险提出风险规避措施和地票创新发展策略，使地票制度最大限度地发挥耕地保护和节约集约利用土地的作用，并使其能够有在全国推广复制的价值。

　　本书可供从事中国城镇化与城乡统筹、城市与区域发展研究、城乡规划、地理学、土地管理部门研究人员和高等院校师生阅读、参考。

图书在版编目（CIP）数据

城乡建设用地置换机理与风险研究 / 陈春，张维著. —北京：科学出版社，
2017. 10

　　ISBN　978-7-03-054838-2

　　Ⅰ. ①城…　　Ⅱ. ①陈…②张…　　Ⅲ. ①城乡建设–土地利用–风险管理–研
究–中国　　Ⅳ. ①F293.2

中国版本图书馆 CIP 数据核字（2017）第 255162 号

责任编辑：朱海燕　丁传标 / 责任校对：何艳萍
责任印制：张　伟 / 封面设计：图阅社

科 学 出 版 社 出版
北京东黄城根北街 16 号
邮政编码：100717
http://www.sciencep.com

北京厚诚则铭印刷科技有限公司 印刷
科学出版社发行　各地新华书店经销

*

2017 年 10 月第 一 版　开本：787×1092　1/16
2018 年 3 月第二次印刷　印张：9 1/2
字数：200 000
定价：79.00 元
（如有印刷质量问题，我社负责调换）

序

人类从游牧社会逐步进化到以定居和农耕为特征的农业社会，耕地的多少和质量好坏成为农业社会稳定发展的自然基础，土地就成为农民的命根子。随着科学发达和技术进步，农民越来越感觉到农业社会并非是理想的、永久的生活方式。随着工业化的到来，工业生产需要集聚，人类开始向城市社会进化。城市化是现代化的标志，是人类社会的高级阶段，是社会形态向高层次发展的客观要求，也是现代社会发展的动力。这个过程不仅表现为人口由农村流入城市，生产要素迅速向城市集中，城市规模逐步扩大，而且还表现在人们的生活方式和价值观念的转变。由于城市自身功能不断完善，整个社会的经济生活方式自然而然地向城市转型。虽然，中国快速的城市化伴随着生态破坏和环境污染、贫富差距和城乡差距、城市安全和食品安全，甚至影响社会稳定等问题。但是，如果没有快速城市化，中国的现代化将面临更大风险。所以，只有城市化才是中国社会发展的必由之路，才能实现中国"两个一百年"的奋斗目标，才能实现伟大的"中国梦"。

中国是一个农业大国，人多地少，区域差异大。在人口管理方面，我国长期实行的是严格的户籍制度，把人口分为城市人口和乡村人口，只有读大学和当兵才能改变身份。改革开放以后，我国城市化率以世界少有的高速度上升。大量的农村劳动力进入城市务工、经商和从事服务业；大量的农用地被征用，耕地变成城市建设用地，失地农民失去生活保障。但是，城市用地的来源仍然异常紧张。也由于大量农村劳动力进城，农村用地势必闲置、荒废，或生产力低下，甚至影响社会的稳定。因此，城市扩张与耕地保护就成了我国城市化进程中一对不可逾越的矛盾。如何既保证城市化建设的用地要求，又使得农民安居乐业，维护农民的权益，就成了政府、社会、学术界思考、研究、处理的热门话题。这个话题就是城乡建设用地置换的机理和方法、风险及其防范。2007年，国家批准重庆市为统筹城乡综合配套改革试验区。在试验过程中，重庆市政府看到了这对矛盾的重要性和解决这对矛盾的困难性，认识到不从根本上进行制度创新是无法解决这对矛盾的。经过反复研究和试验，终于推出了"地票制度"。所谓地票制度，就是城乡建设用地增减挂钩的票据化和市场化制度，即城乡建设用地可以在重庆市域范围内，实现跨区域置换和市场配置。

该书作者陈春在其导师——北京大学土地与规划方面的著名教授冯长春的指导下，在国家有关部委项目资助下，开始进行城乡建设用地置换的研究。后来，作者利用其在重庆市工作的利好条件，一直关注着地票制度的运行。查阅大量文献资料，了解地票制度各个环节的运行状况。进行多次问卷调查和深度访谈，了解政府、开发商和农民的诉求，结合定性和定量分析，在重要期刊上陆续发表了多篇高质量论文，引起了政府的重视，作为修改完善城乡建设用地置换的参考或依据。同样，作者的一些论文也受到了学界广泛的关注和认可，大大丰富和提高了这一领域研究的水平。该书的出版必将使地票研究更加全面、系统、深入，推进政府更加完善地票制度，使之更具有可操作性，推动城乡统筹，协调发展。

该书亮点很多，最重要的是作者全面介绍了地票制度的起源、功能和运行的流程；作者分别从行为主体维度、经济维度及空间维度的视角，深入研究了重庆地票制度的运行机理；难能可贵的是，作者还进一步探讨了重庆地票制度可能存在的风险和识别，包括在行为主体维度、经济维度和空间维度的条件下，识别重庆地票制度可能存在的风险点，进而应用集值统计法对风险点进行评估，并针对主要风险提出了防范措施。为使作为制度创新的地票制度继续发展，保障城乡建设用地置换顺利而公平合理地进行，作者最后专辟一章，研究地票制度创新发展的问题。提出重新思考和创新地票的内涵，确保地票生机；要确保复垦耕地的质量，保障供给潜力，确保复垦农民的权益；保障地票需求空间，确保企业利益等。

在整个国家社会经济转型，进入新常态的条件下，城市化的内涵、动力、模式、规模和速度也会相应发生变化。但是，在一个相当长的历史时期内，城市化进程不会停步，城乡建设用地置换依然会不停地进行。在一个逐步走向法治的国家里，如何依法依规，公平、公正、公开，顺利实施乡建设用地的置换，是一个十分重要的课题。不管解决这个问题的制度叫地票制度，还是有其他更好的名称，其实质都是为了解决在现代化、城市化过程中的城乡建设用地置换问题。《城乡建设用地置换机理与风险研究》一书具有很大的参考价值，一定会给予同行理论研究人员和管理者新的启迪和帮助。

2017 年 5 月

前　　言

土地是宝贵的不可再生的自然资源和重要的生产要素，是经济活动和各项建设最基本的空间。土地问题是中国未来最为重要的问题。土地问题不仅是一个极为重要的经济问题，更是一个重大的政治问题和社会问题。土地作为不可再生资源，是民生之本，发展之基，也是财富之母。土地问题涉及人民群众，特别是广大农民的切身利益，更涉及国家的粮食安全、经济安全。然而土地资源是有限的，只有得到优化利用才会产生更大的社会经济效益，满足人类社会发展。随着我国城镇化加速，经济发展遇到土地资源配置上的两大突出矛盾：一是"耕地保护"与"建设占用"之间的矛盾；二是"城市建设用地短缺"和"农村建设用地闲置"之间的矛盾。

国家为了保证粮食安全，采用了严格的土地管理制度来保护耕地，对城市发展所需征地指标实行配额管理。在这种情况下，地方政府不得不进行土地政策创新，以取得更多的用地指标。因此，中央政府在 2004 年出台了城乡建设用地增减挂钩政策，其实质就是实现以耕地保护和建设用地节约集约利用为目标的城乡建设用地置换，其目的在于满足城市用地需求，合理地使农村闲置的建设用地有效退出，转为耕地，实现耕地占补平衡，确保土地资源能够得到优化利用。地票则是重庆落实中央城乡建设用地增减挂钩政策的地方实践，在重庆市域范围内实现城乡建设用地跨区域置换和市场配置。地票制度优化了城乡建设用地的结构与布局，在建立城乡一体化的土地市场、推进城乡统筹发展和新型城镇化方面有重要贡献。但同任何一项制度创新一样，地票制度还不完善，在诸多方面存在风险。完善地票制度，规避问题或风险，不仅具有重要的理论意义，而且直接关系到城乡统筹能否真正实现，新型城镇化能否持续发展。

本书在选题期间，北京大学冯长春教授给予了大力支持。他一直强调既要有国际视野，又要立足国内实际，鼓励我对重庆市城乡统筹实践进行深入研究，而土地正是一个突破口。正是基于此，我们申请了国家自然科学基金"耕地保护和节约集约目标下城乡建设用地置换研究：运行机理、风险识别与优化模拟"（41201178）并获得资助，经过四五年的艰苦努力，我们这个团队进行了一系列的学术讨论与总结，于 2015 年开始进行了学术专著的写作，期间得到有关方面专家学者的支持、关心，现在这部专著终于问世了。

本书共分为 8 章。第 1 章为绪论。阐述了研究背景、研究目的和意义、研究内容、研究方法、技术路线和创新之处。第 2 章为城乡建设用地置换研究动态与实践。对国外，尤其是美国的土地发展权交易实施情况、国内城乡建设用地置换实践，以及城乡建设用地置换风险、重庆地票制度的研究现状进行阐述。第 3 章为地票起源与运行情况。阐述地票制度产生的背景、定义与功能、运行流程、与其他指标的关系和运行状况。第 4～6 章分别从行为主体维度、经济维度、空间维度对地票运行机理进行研究。分析地票运行中各行为主体的利益冲突点、地票的供求机制、地票来源地和落地区的空间分布。第 7 章为地票风险识别。基于行为主体、经济、空间三大维度对地票制度运行机理进行系统分析，提出风险因素和风险因子，进行风险识别，并探求地票的总风险值和各风险因子的大小。第 8 章为地票制度创新发展研究。在地票风险分析和对地票内涵再思考的基础上，提出地票制度创新持续发展的策略。

衷心感谢中山大学许学强教授对书稿的认真阅读，他提出了许多中肯的建议和意见，并拨冗为本书作序。同济大学彭震伟教授通览了全稿，并对重点部分提出了宝贵的修改建议，特此深表谢意！最后，对研究团队的全体成员表示衷心感谢，他们分别是孙阳高级工程师、周富春教授、张学儒副教授、陈勇和左倩云、尤其是陈勇对本书的补充、核对工作所付出的辛勤劳动。

陈 春

2017 年 5 月于重庆

目　　录

第1章 绪 论

1.1 研 究 缘 起

土地是宝贵的不可再生的自然资源和重要的生产要素,是经济活动和各项建设最基本的空间。土地问题是中国未来最为重要的问题。然而土地资源是有限的,只有得到优化利用才会产生更大的社会经济效益,满足人类社会发展。随着我国城镇化加速,经济发展遇到土地资源配置上的两大突出矛盾:一是"耕地保护"与"建设占用"之间的矛盾;二是"城市建设用地短缺"和"农村建设用地闲置"之间的矛盾。一方面,粮食安全需要保护耕地,而城镇化和工业化的发展需要占用城市周边的耕地,城市扩张占用耕地的情况已成为常态,对我国 145 个大中城市中建设用地扩大的结果表明,70%的新增建设用地来自于城市周边的耕地,长三角、珠三角、京津唐、成渝等地区占用耕地的比率最大(Tan et al.,2005),耕地的占补平衡面临巨大风险;另一方面,城市内部出现建设用地指标紧张(陆大道,2007)、用地保障程度偏低的局面(方创琳,2009),而随着农民大量涌入城市,农村不但居民点数量没减少,还出现了宅基地闲置、废弃、农村空心化等浪费土地资源的情况(刘彦随等,2009)。

中央政府为了保证粮食安全,采用了严格的土地管理制度来保护耕地,对城市发展所需征地指标实行配额管理。在这种情况下,地方政府不得不进行土地政策创新以取得更多的用地指标。因此,中央政府在 2004 年出台了城乡建设用地增减挂钩政策,其实质就是以耕地保护和建设用地节约集约利用为目标的城乡建设用地置换,其目的在于满足城市用地需求,合理地使农村闲置的建设用地有效退出,转为耕地,实现耕地占补平衡,确保土地资源能够得到优化利用。其中,以天津市宅基地换房、江苏省万顷良田建设工程、山东省农村社区化和重庆市地票最为典型(王婧等,2011)。关于我国城乡建设用地置换问题的研究也是学术界研究的热点。本书选取城乡建设用地置换的典型模式之一——重庆地票作为研究对象,分析其运行机理和存在的风险,主要出于以下考虑。

1. 城乡建设用地置换风险频现

虽然城乡建设用地置换的目的是为了保护耕地、盘活农村土地资源、缓解城乡建设用地的矛盾,但是城乡建设用地置换对我国来讲还是一项较新且复杂的工程,在制度设计、产权规定和城乡户籍制度改革等方面还不健全，所以其自实施以来各种风险相继涌现，出现各个利益主体的诉求差异、农民权益受损、耕地占补不平衡、收益分配不均等风险。城乡建设用地置换的目的是否达到与其风险降低有着紧密的关系。由于目前城乡建设用地置换风险频现影响了政策持续推进及实施效果，需要对城乡建设用地置换的风险进行研究，完善城乡建设用地置换政策。

2. 已有研究中缺乏从城乡建设用地置换运行机理角度出发识别风险

以运行机理识别风险就是采用系统性、关联性的原则对城乡建设用地置换的内在机制进行分析，发现问题后识别风险。已有研究大多是对城乡建设用地置换后出现的问题进行分析归纳总结，本书则从政策源头追溯风险，分析其运行机理中蕴含的风险，有利于发现导致风险发生的根本原因，全面认识风险，在此基础上提出更具针对性的风险规避措施，降低风险，保障城乡建设用地置换实践顺利实施。

3. 重庆地票具有典型性

1997～2009 年，重庆人口流动与土地配置不协调，这期间重庆市的农村常住人口减少了 31%，但与此同时，农村人均占用建设用地却上涨了 43%，由 183m²/人上升到 262m²/人。农村人口的减少并没有导致农村建设用地减少，而是逆向增长。这种现象为"两头都要占"，即城乡建设用地同时增长，城乡同时挤占耕地资源（谢必如，2016）。2007 年，国家批准重庆市为统筹城乡综合配套改革试验区，地票制度则是重庆实现城乡统筹的一项制度创新，是城乡建设用地置换的一种典型模式。地票是指农村宅基地及其附属设施用地、乡镇企业用地、农村公共设施和公益事业用地等集体建设用地，经过复垦并经土地管理部门验收后产生的用地指标。地票制度是城乡建设用地增减挂钩的票据化和市场化制度，在重庆市范围内实现城乡建设用地跨区域置换和市场配置（陈春等，2014）。地票制度优化了城乡建设用地的结构与布局，凸显农村土地资产价值，增加了农民财产性收入。同时，"地票"制度与统筹城乡视阈下的户籍制度改革有机结合起来，是解决转户农民的宅基地、承包地处置问题的重要尝试，开辟了以城带乡、以工促农的新途径，在建立城乡一体化的土地市场、推进城乡统筹发展和新型城镇化方面作出了重要贡献。但同任何一项制度产生一样，地票制度还不完善，如在耕地质量（陈春等，2014；陈印军等，2011；陈晓军等，2012；周彬蕊和周吉，2011；王邵洪，2013；冯应斌等，2016）、农民社会权益保障（覃琳和丘凌，2012；夏晶晶等，2013；李瑞雪，2015）、相关法律法规（陈锡文，2013）、交易价格（郝利花和杜德权，2011）、落地（陈春等，2014；沈萍和李仲豪，2013）、城镇建设用地双轨制（薛婷，2011）、欠发达地区用地保障（蒋萍，2012）、政府宏观管理（钟杨和李颖颖，2014）、运行（梁小青，2011）、复垦（王林和赵恒婧，2016）等方面均存在一定问题和风险。因此，对重庆地票运行机理和存在的风险进行研究显得十分必要。

本书选择重庆地票为研究对象，研究城乡建设用地置换的运行机理和风险识别，提出地票持续发展策略的必要性、充分性和可行性。

1.2 研究目的和意义

1.2.1 研究目的

以城乡建设用地置换中较典型的重庆地票为例，从行为主体、经济、空间三大维度对地票运行机理进行系统研究，发现地票运行中蕴含的风险，并进行风险识别，提出规避风险的政策建议和地票制度的创新发展途径。地票运行机理研究和风险识别不仅对重庆地票本身，也对研究我国其他地区城乡建设用地置换的运行机理和风险识别提供参考。

1.2.2 研究意义

通过对地票制度运行机理进行研究，系统分析其存在的风险，并对风险进行评估与防控，直至提出政策优化包。对重庆地票制度乃至我国城乡建设用地置换产生的理论与实践意义如下。

（1）从理论意义上看，国内对城乡建设用地置换研究大多是对风险发生后的归纳总结，缺乏从系统本身进行分析，本书则从行为主体、经济、空间三大维度对地票制度运行机理进行系统分析，在地票运行机理的研究基础上探索风险点。

（2）从实践意义上看，本书根据理论分析得出的风险点，提出风险规避措施，有利于降低风险发生概率，保障重庆地票制度能够安全运行，为我国其他地区的城乡建设用地置换提供借鉴。

1.3 研究框架、方法与内容

1.3.1 研究框架

研究总体框架图如图 1.1 所示。

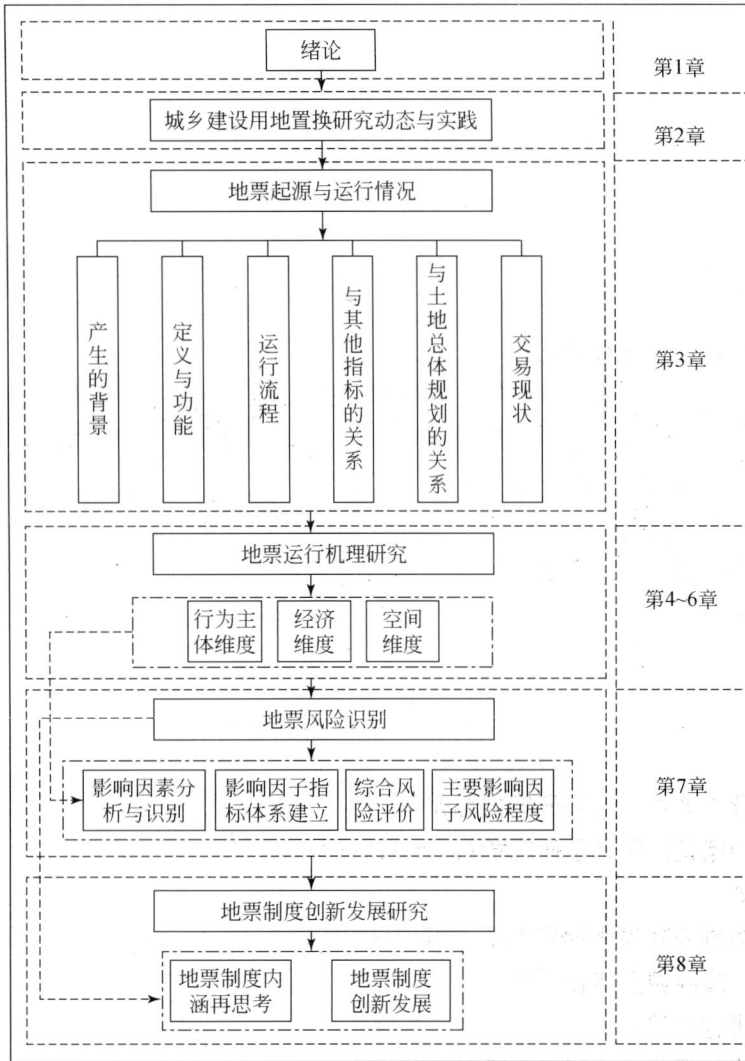

图 1.1　研究总体框架图

1.3.2　研究方法

1. 文献分析

通过查阅城乡建设用地置换相关文献资料，系统性把握国外土地发展权交易实践、国内城乡建设用地置换实践、国内对城乡建设用地置换和重庆地票的研究成果。国内外学者相关文献中的研究成果不仅在理论基础和研究方法上具有重要的借鉴意义，而且使笔者发现已有研究中存在的不足，为本书的切入点提供支撑。

2. 定性分析

采用定性分析法从行为主体、经济、空间三大维度对重庆地票进行运行机理研究。行为主体维度下的定性研究主要是应用博弈理论，通过建立博弈树对行为主体间的利益冲突进行分析，以利益博弈识别风险点；经济维度下的定性研究主要是对地票供求机制和价格变化原因进行分析，围绕交易数据识别风险点；空间维度下的定性研究主要对地票的空间转移机制和特点进行分析，从地票发生空间转移后所产生的影响入手识别风险点，并对所有风险点进行总结归类。

3. 定量分析

在对现象进行定性描述分析的基础上，采用集值-层次模型量化地票风险，建立风险层次评价模型。首先应用模糊层次分析法确定风险点相对于地票风险的重要程度，然后应用集值统计确定风险点的发生概率值，最后应用综合评价计算出地票风险值及主要风险点的风险值。

1.3.3 研究内容

本书共分为8章，主要研究内容如下。

第1章为绪论。阐述了研究背景、研究目的和意义、研究方法、研究内容、技术路线和创新之处。

第2章为城乡建设用地置换研究动态与实践。对国外，尤其是美国的土地发展权交易实施情况、国内城乡建设用地置换实践，以及城乡建设用地置换风险、重庆地票制度的研究现状进行阐述。

第3章为地票起源与运行情况。阐述对地票制度产生的背景、定义与功能、运行流程、与其他指标的关系和运行状况。

第4~6章分别从行为主体维度、经济维度、空间维度对地票运行机理进行研究。分析地票运行中各行为主体的利益冲突点、地票的供求机制、地票来源地和落地区的空间分布。

第7章为地票风险识别。基于行为主体、经济、空间三大维度对地票制度运行机理进行系统分析，提出风险因素和风险因子，进行风险识别，并探求地票的总风险值和各风险因子的大小。

第8章为地票制度创新发展研究。在地票风险分析和对地票内涵再思考的基础上，提出地票制度持续发展的策略。

1.4 创 新 点

（1）目前对城乡建设用地置换的研究缺乏理论依据和定量研究，大多是对我国城乡建设用地置换政策在地方的实践模式进行经验总结和问题归纳。本书首次从行为主体、经济、空间 3 个维度对城乡建设用地置换的运行机理进行系统性研究，并且追溯风险来源。

（2）首次对地票供需曲线类型进行界定，并对地票供求机制进行分析，且采用集值-层次模型对地票风险进行量化；基于地票风险识别和地票内涵的挖掘，提出地票的创新发展策略。

第2章 城乡建设用地置换研究动态与实践

2.1 国外研究与实践

国外也有类似我国城乡建设用地置换的做法，如土地发展权转移与交易（transfer of development rights，TDR）。西方国家在100多年以前就进入了城镇化与第二次工业革命，随着城镇化与工业化的发展，城市建设用地与工业用地的需求量固然增加，这就导致了农业用地的快速流失，而农业用地的急剧减少必然导致国家粮食产量锐减，危及国家的稳定与安全。正是出于对国家安全的考虑，一些西方发达国家开始探索如何保护农业用地数量的办法。1947年，英国在《城乡规划法》中首次提出发展权的概念。而美国也于1960年将土地发展权概念引入，并用于规划（Richards et al.，1972）。"土地发展权"这一政策发展至今已经有70年，并且趋于成熟，国外一些国家使用该政策来变更土地的用途，保障土地权利人实现土地的最佳经济效用。土地发展权通过以市场为基础来实现土地用途的变更和发展权利的转移，已经成为一种新的土地使用管制工具。英国通过土地发展权国有化，消除了因土地区位差异而造成的一些不平等现象，但如何合理分配政府与私人之间的土地增值收益一直都是个问题。美国土地发展权制度规定土地发展权归原土地所有者所有，激发了原土地所有者保护农地的积极性。而法国既不是将土地所有权国有化，也不是赋予土地所有者，而是采用类似于土地发展权的法定上限密度制度，将土地干预区的开发权赋予土地所有者，将超过"法定密度极限"的开发权收归国家（高洁和廖长林，2011；靳相木和沈子龙，2010）。

总的来说，"土地发展权"这一政策已经日趋成熟，并且广泛应用于世界各国和各地区，由于各国国情的差异，该政策也具有多种模式，通过对这几种模式进行阐述与比较，有利于我国进行合理的借鉴。

2.1.1 英 国

1. 实施方法

英国1947年在《城市规划法》中规定土地发展权"国有化"，即一切私有土地未来的发展权利都归国家所有，而土地所有者依然保持着原有的占有、使用、处分及收益等所有权，但是不再享有变更土地类别的权利，这项权利归国家所有。当土地所有者需要变更土地使用类别时，则需要在土地开发之前，向国家提交申请，购买土地发展权；反之，若国家因为一些原因使得土地使用类别变更，进而导致土地的价值降低时，政府应当按照相应的市场标准对土地所有者进行等额损失的赔偿（马韶青，2013）。

2．实施程序

英国土地发展权的实施步骤分为三部分：①需要进行土地开发或改变土地类别时，要在符合都市计划的基础上，向国家申请土地开发许可；②在获得土地开发许可后，土地管理部门会对土地开发前后的使用价值差额进行评估，并征收相应的土地发展税；③获得土地开发许可，并缴纳相应的土地发展税，则获得土地发展权（马韶青，2013）。

3．特点

英国土地发展权制度具有以下几个特点：①英国土地发展权制度设计更关注社会公平。通过《城市规划法》将土地未来的发展权从私人层面上升到国家层面，可以有效地防止因土地的多少或区位差异所造成的不公平现象，从根本上消除土地所有人之间的不公平。②英国土地发展权具有公权性。英国土地发展权归国家所有表现出了其公权性。一方面，有效地缓解了土地开发的速度，保护了城市周边的农地资源；另一方面，基于"涨价归公"的观念，土地开发的收益归国家所有，在一定程度上造成土地市场停滞，并导致黑市交易泛滥（刘国臻，2008）。

2.1.2 法 国

从 20 世纪 70 年代开始，法国工业化和城市化的迅速发展导致城市过密、环境污染及社会分配不公的现象越来越多，法国引入了土地发展权的概念，但却是介于英国模式和美国模式之间而产生的一种类似于土地发展权的模式——"法定上限密度限制"制度，并通过《改革土地政策的法律》和《城市规划法典》来确立这一制度。政府通过对开发土地的建筑权划定一个容积率上限，即超过法定上限的建筑权属于国家所有，而开发者享有上限指标范围内的开发自主权，若土地开发者想要超过指标上限进行开发，就必须支付一笔费用来购买超过限度标准以上部分的建设权（高洁和廖长林，2011）。

法国"法定上限密度限制"制度由于是介于英美两国之间而产生的新模式，具有英美两国的一些特点：①法国"法定上限密度限制"制度具有公权性。在上限指标范围内进行开发时，土地开发者享有自主处理的权利；当超过上限指标时，土地开发的建筑权则归国家所有，反映出其公权性。②法国"法定上限密度限制"制度设计关注公平。当超过上限指标时，由于公权性，政府可以有效地控制城市的土地开发容积率，协调社会分配。

2.1.3　美　　国

1. 美国土地发展权的演变

美国发展权转移的理念源自于 1916 年颁布实施的《纽约城市区划法》（*New York's zoning code*），其中就包括允许房产主将未使用的上空使用权出售给位于同一街区、相邻地块的其他房产主。该法案在 1968 年被修改，TDR 的地理界线被放宽至距离数个街区之远的地块或是拥有共同所有权的相连房地产。修改后的法案尤其在标志性的历史建筑保护上发挥了作用，其中，代表性事件就是 1978 年 TDR 在保护纽约中央车站这一历史遗迹上的应用，阻止了在车站楼宇上加盖建筑。

自 1968 年后，TDR 的概念逐渐发展演变，全美越来越多的社区都采纳了 TDR，这主要是因为除了目前土地利用规划和分区政策存在瑕疵外，TDR 还减少了政府在资源保护上的资金投入，通过发展权交易的市场机制缓解其财政压力。如今，TDR 除了用来保护历史建筑或遗迹、农田、生态设施、居民活动空间等区域防止其被开发利用以外，还在城市中心的可支付住房建设、城市改造、生态环境保护等城市功能完善与生态治理中得到应用，其中，尤以对农田保护作出的贡献最大。由于 TDR 制度仍然被视作一种革新，截至 2010 年，一共实施了 239 个 TDR 项目。

2. 美国发展权转移机制和设计规范

与我国不同，发展权在美国被明确归类到财产权束中，是一项基本的产权，并能分割出来，以商品的形式参与买卖。发展权在出让区（sending area）和受让区（receiving area）之间的转移能以转移比例（transfer ratio），即以数值的形式体现出来。区划规定了出让区和受让区的发展密度，发展权发生转移后，出让区的土地所有者仍然拥有其所有权，土地性质仍然为私有制，但只能按照原有用途利用土地。受让区的开发商之所以买入发展权，其目的是为了获得更高的发展密度。出让区和受让区的买卖双方可以直接实现交易，或者通过政府设立的非营利机构 TDR 银行实现交易，该机构主要为 TDR 转移提供便利化的市场交易平台，受让区将对出让区基于市场评估得出的发展权价值进行赔偿。与我国城乡建设用地置换的不同之处在于，如果美国发展权出让区在出售土地发展权后发现自身需要额外发展，则可以买回相应的发展权数量以谋求额外发展。

Margaret A.Walls 等认为，TDR 项目包含出让区、受让区、可出售 TDR 比率、接受区额外密度、接受区 TDR 比率等若干要素（walls，2007）。从中可以得知，出让区和受让区作为若干要素的形成基础，其范围划定显得十分重要。美国对出让区和受让区的范围制定如下。

1）出让区的设计规范

美国对出让区的选择综合了政治和经济因素的分析。当某县某块受保护区域可以考虑作为出让区时，公民咨询委员会会对其做有效评估，主要是考虑市场对 TDR 数量的需求与该县可供给 TDR 数量之间的关系，主要是以需求定供给，并且有效地保证出让区划入的范围包含最首要保护的、最好连续的地块。社区会通过建立管理准则对出让区进行管理，如会根据房产主的需求了解哪些地块需要再分区实施 TDR 项目；对出售 TDR 的地块将实行土地用途管制，只要符合规划中确定的土地利用类型即可；维持目前区划对出让区规定的密度限制，即便当前区划没有让出让区有效地保护资源，也不可轻易更改区划，以免招致当地房产主的反对，影响当地 TDR 项目的实施。出让区土地发展权分配比例的确定（每一英亩①可出售的 TDR 数量）建立在该地块受保护限制发展后所失去的发展价值上，发展价值越大，分配比例越多；发展价值越小，分配比例越少，但发展价值的评估仍然是一个难点。另外，相关社区也采取了有关措施来保障 TDR 项目的发展，即缩小可代替 TDR 项目的其他分区政策的适用范围。

2）受让区的设计规范

受让区的发展需要符合已有的综合规划，邻里街坊应接受和理解通过 TDR 这一途径获得额外的发展密度。另外，开发新区和低发展密度区等都是被社区指定为受让区的潜在区域。受让区所容纳的 TDR 数量的依据是市场实际接收能力而不是出让区能供给多少 TDR 数量，市场因素占主导。买入的 TDR 被当做额外的密度奖励允许开发商突破密度限制的临界值在受让区进行开发，通常成功 TDR 项目的临界密度低于受让区市场所支持的临界密度。另外，通过设置 TDR 银行和最大化 TDR 项目的发展密度来辅助和便利化受让区的 TDR 交易。

Arthur C. Nelson 等在 *The TDR Handbook*（Designing and Implementing Transfer of Development Rights Programs）中对发展权出让区和发展权受让区做了详细总结：出让区主要是环境保护区或历史文化区，TDR 的实施是出于对它们的保护。受让区主要是城市发展区，具有强烈的发展投资欲望及基础设施建设需求的地域（Nelson et al.，2012）。

---

① 1 英亩（acre）≈4046.86m²。

3. 美国发展权转移实践经验与未来发展趋势

1）TDR 方案的形成

TDR 项目的实施离不开公众的参与和专业人才的支持，一个 TDR 方案的形成是一项复杂的工作。与我国城乡置换实施前需要做方案评估和审查一样，美国 TDR 方案形成的前期工作主要包括成立公民咨询委员会、信息收集、评估可选择的 TDR 方案、接受公众投入、选择出较好的 TDR 方案、创建出让区和受让区、提炼 TDR 方案、形成对 TDR 方案的全面分析报告，引荐实施最终的 TDR 方案，其目的是更好地征求公众的意见，增加公众的参与积极性和反映市场对 TDR 数量的现实需求。

2）影响 TDR 成功实施的因素

Rick Pruetz 提出了三个主要成功要素：发送区要素、接受区要素、其他激励措施（Pruetz et al.，2007）。发送区分区要素对土地所有者的开发建设有抑制作用，促使他们进行 TDR 的交易，Rick Pruetz 进一步总结出发送区要素的四点：物理约束（physical constrains）、密度限制（density restrictions）、开发管制（development regulation）及外围限制条件（off-site requirements）（Pruetz，2003）。另外，Rick Pruetz 和 Noah Standridge 通过对实施的 TDR 项目的研究，总结出了十大影响因素，按重要程度列出分别为开发商对额外发展的需求、指定接受区的范围（该区域有提升分区用途的意愿，周围的公众不会认为会侵害自己的发展）、有效的出让区区划政策、TDR 项目实施的坚决性（实施极少的与 TDR 相似的额外发展密度奖励机制）、TDR 的畅销性（TDR 价格适中，保持供需平衡）、TDR 项目实施的可持续性（如开发商的发展利益不会因为遭遇政府选举变动后发生改变）、建立社区资源保护准则（公众对资源保护的支持）、信任机制（房屋产权人、开发商、生态保护者等之间的任性有利于 TDR 发展）、加强 TDR 相关信息的公众推广、公共信托基金对 TDR 银行的投入（减少政府购买土地发展权的财政压力）。Rick Pruetz 和 Noah Standridge 还发现前五个影响因素在绝大部分的 TDR 项目实施中都具有影响力。由此他们认为，在任何成功的 TDR 项目中，这五个因素的关系是相互作用的（Pruetz et al.，2009）。另外，Reid Ewing 通过更多的定量研究表明，发展权交易银行（TDR Bank）是以上所有影响因素中在 TDR 项目保护耕地方面唯一一个具有统计显著性意义的因素（Ewing，2009）。

3）TDR 与区划的协调配合

区划在美国的土地利用规划空间管制中仍然处于主导地位，TDR 并不能取代区划。作为凭借市场机制对发展权进行重新分配的工具，TDR 使美国的区划更加有效，而一个成功的 TDR 项目也需要良好的区划予以辅助。经历几十年的发展，美国 TDR 项目实施的显著特点包括严格控制的区划、明晰的产权制度、合理的 TDR 市场供需规模、TDR（发展权交易）与 PDR（发展权购买）的应用结合、专业且经验丰富的规划人士的参与、群众的支持及法律保障等。

4）未来 TDR 项目的发展趋势

美国未来 TDR 还将适用于绿色基础设施的维护（如易受到环境破坏而需要重建的公共服务设施，但维修预算又会超过储备基金的）、农田的保护（越来越多的美国人出于健康考虑青睐于本地生产的食物，在公共预算不断减少的情况下，通过 TDR 实现对农田的保护将更加有效）、历史遗迹的保护（以前 TDR 都是保护大城市的历史遗迹，而以后将越来越多地应用到小城市的历史遗迹保护中）、重振区域活力（通过 TDR 项目改变城市原有的建筑密度，重新制定发展规划，发挥应有的区域空间功能）、借助 TDR 拉动出让区的经济发展（如受保护农田的产权人在通过继续耕种后获得农产品产量增加而带来的额外收入，而当地社区也可以发展农业旅游以增加收入）。

2.1.4 英法美土地发展权交易的比较

英国、美国和法国三种模式的发展都趋于比较成熟的阶段，由于土地发展权的概念最初是由英国提出来的，并付诸实践，而美法两国也基于自身国情借鉴英国这一制度，因此，三种模式之间既有区别又有联系。根据国内外一些学者对三种模式的研究，对三种土地发展权模式之间的相同点和不同点进行归纳，分别从立法依据、设置背景及法律性质等方面对三种模式之间的相似之处进行总结，从权益归属、适用范围、实现方式及制度设计价值取向等方面对三种模式之间的不同之处进行总结，如表 2.1 所示（马韶青，2013；臧俊梅等，2010）。

表 2.1　英、美、法土地发展权交易比较

模式		英国	美国	法国
相似点	立法依据	三个国家均采用立法的形式来确定土地发展权制度，英国是在《城市规划法》中明确规定了土地发展权"国有化"；美国则是根据各州的具体情况，通过地方立法来规定土地发展权转移和征购制度；法国也是在《改革土地政策的法律》和《城市规划法典》中确立了"法定上限密度限制"制度		
	设置背景	三种模式都是在工业发展和城市化发展的大背景之下产生的，为了有效缓解土地供需矛盾，充分、合理地利用土地资源，保护农地资源不受损害		
	法律性质	通过土地发展权实施的过程可以知道，土地发展权是一项与土地所有权相分离而单独存在的财产性权利，开发受限制的土地权人可以依靠这一性质将"被剥夺"的部分财产权转移出去，而准许开发的土地权人则获得"额外"的财产权，可以有效地消除土地所有权人之间的权益不公平问题		

模式		英国	美国	法国
不同点	权益归属	土地发展权"国有化",土地开发者必须向政府提出土地开发许可申请,并购买土地发展权,才可以进行土地开发和使用	土地发展权属于土地所有者,并且将市场机制引入土地发展权转移与征购,设立土地发展权转移银行来促进 TDR 计划的实施	土地发展权属于国家所有,土地开发者在上限指标范围内进行开发时,土地开发者享有自主处理的权利;当超过上限指标时,土地开发的建筑权则归国家所有
	适用范围	英美两国的土地发展权均是改变土地的使用性质或土地使用强度(如农用地变为非农用地、住宅变为商业用地)		法国采用规定建筑权的容积率转移,属于改变土地利用强度来提高土地利用率
	实现方式	首先需要向国家申请土地开发许可,缴纳相应的土地发展税,购买土地发展权	将市场机制引入土地发展权转移和征购制度,在土地发展权交易市场中购买土地发展权	土地开发者可以支付一笔费用来购买超过限度标准以上部分的建设权
	制度设计价值取向	英国土地发展权制度设计更关注社会公平	美国土地发展权制度设计更关注效率	法国土地发展权制度设计更关注社会公平

资料来源:作者自制。

2.2　国内研究与实践

2.2.1　国 内 实 践

随着我国城镇化的快速发展,城市周边耕地被大量占用,而农村建设用地在常住人口减少的情况下被大规模闲置,人均农村居民点面积不减反增的情况非常普遍,城乡土地资源利用失衡是目前我国城镇化进程中面临的突出问题,威胁到我国的粮食安全。根据第 1 章的定义,本书所指的城乡建设用地置换就是在 2004 年提出的"城乡建设用地增减挂钩",其目的在于满足城市用地需求,合理地使农村闲置的建设用地有效退出,转为耕地,实现耕地占补平衡,确保土地资源能够得到优化利用。我国的城乡建设用地增减挂钩实践以天津市"宅基地换房"、江苏省万顷良田建设工程、山东省农村社区化和重庆地票最为典型。其中,重庆地票是城乡建设用地增减挂钩的票据化,是省域范围内城乡建设用地跨区域置换的典型模式,本书从第 3 章开始着重研究地票的运行情况、运行机理和风险识别。

1 . 城乡建设用地增减挂钩

1)提出背景

为了有效缓解我国建设用地与耕地之间的矛盾,2005 年国土资源部下发了《关于规范城镇建设用地增加与农村建设用地减少相挂钩试点工作的意见》，首次提出了城乡建设用地增减挂钩，2006 年在天津、江苏、山东、湖北、四川 5 个省（直辖市）范围内首次建立城乡建设用地增减挂钩试点，并于 2008 年下发了《城乡建设用地增减挂钩试点管理办法》，来有效地管理增减挂钩试点工作（唐志欣等，2014）。同年，增减挂钩政策也在全国大范围推广，到目前为止，全国增减挂钩试点已经覆盖了 27 个省（市）。所谓城乡建设用地增减挂钩，是以土地利用总体规划为依托，将若干拟复垦为耕地的农村建设用地地块（即拆旧地块）和拟用于城镇建设的地块（即建新地块）共同组成建新拆旧项目区，通过建新拆旧和土地整理复垦等措施，在保证项目区内各类土地面积平衡的基础上，最终实现增加耕地有效面积，提高耕地质量，节约集约利用建设用地，达到城乡用地布局更合理的目标（国土资发[2008]138 号文）。换句话说，就是在确保耕地总量不减少的前提下，通过提高边缘地域农村建设用地的使用效率，减少农村居民点占地规模，退出的建设用地经过复垦转为耕地，将节余的建设用地指标用来弥补城镇建设用地指标，使得城郊农村种植用地被征转为城市建设用地。这一政策是有效缓解"耕地保护"和"建设占用"及"城市建设用地短缺"和"农村建设用地闲置"这两对矛盾的重要途径（陈春等，2014）。

城乡建设用地增减挂钩试点开展至今已经有十余年，国内学者也围绕这一政策进行了大量研究。从城乡建设用地增减挂钩实践角度出发，总结了我国城乡建设用地置换的几个典型试点的特点和差异（王婧等，2011）。分析城乡建设增减挂钩的运行模式（唐志欣等，2014），对实践过程中所产生的问题进行总结（易小燕等，2011）和深入分析（王振波等，2012；关小克，2013），并针对这些问题提出一些合理性的建议（陈春等，2014；王婧等，2011；易小燕等，2011；王振波等，2012；关小克，2013）。在城乡建设用地置换的过程中，还涉及农村土地权属调整的问题，应当公平、合理地分配土地权益，解决权属纠纷，选择有利于增减挂钩项目实施的权属调整方案，提高农村经济水平，统筹城乡发展（杨园园等，2011）。我国当前也开始了十三五规划，大力提倡建设新农村，从解决"三农"问题出发，大力开展增减挂钩试点工作，从农村的居住环境、产业和生活水平方面为我国社会主义新农村建设提供了动力（张旭等，2012）。增减挂钩政策最重要的目标还是促进统筹城乡发展，目前主要通过城乡建设用地置换、农业投入和农民人口转移这三条路径来实现，但其相关配套政策还不完善，一些地区的实践效果受到抑制，因此，还需要对该政策进行完善（张飞，2016）。

城乡建设用地增减挂钩政策是基于我国近年来城市化过快导致城市建设用地与耕地矛盾增大而提出来的，虽然在实施过程中，相关配套政策不完善，不能充分协调城市与农村之间的利益，但是其也在不断地探索和完善，不仅为我国社会主义新农村建设提供了动力，还促进统筹城乡一体化建设和发展。

2）城乡建设用地增减挂钩政策梳理

2004 年 10 月，国务院发布《国务院关于深化改革严格土地管理的决定》（国发[2004]28 号），提出"鼓励农村建设用地整理，城镇建设用地增加要与农村建设用地减少相挂钩"，首次提出城乡建设用地增加与农村建设用地减少相挂钩的政策。

2005 年 10 月，国土资源部发布《关于规范城镇建设用地增加与农村建设用地减少相挂钩试点工作的意见》（国土资发[2005]207 号），决定开展城乡建设用地增减挂钩试点工作，并明确试点工作的基本要求、项目管理及相关配套政策等。

2006 年 1 月，国家发展和改革委员会和国土资源部发布《关于在全国部分发展改革试点小城镇开展规范城镇建设用地增加与农村建设用地减少相挂钩试点工作的通知》（发改办规划[2006]60 号），于全国发展改革试点小城镇，开展"挂钩"试点工作。

2006 年 4 月，国土资源部发布《关于天津等五省（市）城镇建设用地增加与农村建设用地减少相挂钩第一批试点的批复》（国土资函[2006]269 号），在天津、江苏、山东、湖北和四川开展第一批"挂钩"试点工作。

2007 年 7 月，国土资源部发布《关于进一步规范城乡建设用地增减挂钩试点工作的通知》（国土资发[2007]169 号），强调要统一思想，明确要求，严格管理，稳步推进"挂钩"试点工作。

2008 年 6 月，国土资源部发布《城乡建设用地增减挂钩试点管理办法》（国土资发[2008]138 号）对"挂钩"试点工作提出明确的规定与要求。

2010 年，国务院发布《国务院关于严格规范城乡建设用地增减挂钩试点切实做好农村土地整治工作的通知》（国发[2010]47 号），要求严格规范增减挂钩试点工作，切实做好农村土地整治工作。

2011 年，国土资源部发布了《城乡建设用地增减挂钩试点和农村土地整治清理检查工作方案》来确保增减挂钩试点和农村土地整治工作健康、有序地进行。

3）试点及总体成效

城乡建设用地增减挂钩试点案例及成效见表 2.2。

表 2.2　城乡建设用地增减挂钩试点案例及成效

试点城市	项目特色	成效	总体成效
天津市华明镇	采用"宅基地"换房，实现了新农村建设思路的创新	①快速推进小城镇建设；②快速改善农民的生活条件；③解决了农民的社会保险和医疗保险（程同顺和杜福芳，2011）	①提高农村居民的生活水平。主要是通过增减挂钩政策来改变农民的生活方式和生产方式，使得农民也能享受到现代城市生活。

试点城市	项目特色	成效	总体成效
浙江省嘉兴市	采用"两分两换"的方式来进行宅基地置换,实现农民向城市和城镇集中	①节约大量宅基地;②部分农民实现资产增值;③促进土地承包经营权流转;④加快城市化发展(扈映和米红,2010)	②保护耕地。通过对农村居民进行搬迁或宅基地的置换对农村建设用地进行耕地复垦,保障了建设用地与耕地之间的占补平衡,有效地保障了我国18亿亩*耕地的"生命线"。
江苏省昆山市	开展"万顷良田建设工程"来集中建立高效农田,实现农村居民整体搬迁,缓解空心村问题	①改变农民的生产生活方式;②促进社会主义新农村建设;③保护耕地和节约集约利用土地;④深化改革农村土地管理制度(魏鑫,2012)	③节约集约利用土地。城乡增减挂钩政策通过对农村土地进行整理及合理规划,节约农村和城镇土地资源,并集中化搬迁,实现土地资源的合理利用。
山东省诸城市	以"农村社区化"为切入点,发展县域经济,构建城乡经济社会一体化格局	①推进农村地区社区化模式发展;②提高农村公共服务水平;③大力发展县域经济;④创建新基层党建新模式(国家发展和改革委员会经济体制综合改革司调研组,2010)	④推进社会主义新农村建设。增减挂钩政策正好与党中央提出的坚守18亿亩耕地红线、推进社会主义新农村建设的举措相契合,并成为我国有效解决三农问题的关键。通过这一政策的实施,首先,将原本布局分散的村落整合集中安置,改善了农村面貌,提升了农民的居住环境;其次,优化农村用地结构,使农业形成规模化经营,促进了农业发展,提高农作物产量;最后,增减挂钩政策的实施改变了农村建设用地粗放利用的模式,通过建设用地置换,提高农村土地利用效率,并将土地交易所产生的级差收益用于改善农民的生活水平。
湖北省武汉市	通过拆除因城市扩张而无序增长的旧区,并在新区建立"居民小区"来合理安置农民,使得城市合理、有效地扩张	①弥补了城市建设用地指标不足,促进土地节约集约利用;②改善农村生产、生活条件;③促进社会主义新农村建设;④实现土地规模化经营(张勇超和陈荣清,2015)	
四川省成都市	通过"三集中""全域成都"和"田园城市"等理念进行城乡统筹,在拆院并院、土地整理和农民安置区建设方面取得成绩,促进农村与城市空间、社会一体化发展(王雅文等,2011)	①促进耕地保护制度的实施;②促进节约集约利用土地;③加快城乡统筹发展和我国社会主义新农村建设;④深化改革农村土地管理制度(伍学林,2011)	
贵州省关岭布依族苗族自治县	通过建新拆旧整理的方式,并结合喀斯特地区特殊的自然环境和落后的经济情况,解决城乡建设用地与耕地之间的矛盾	①提高农民的生活水平和当地居民的生活质量,促进当地经济发展;②促进当地经济、社会、生态及综合效益大幅度提升(文思北等,2012)	⑤促进小城镇发展,统筹城乡一体化。建设用地增减挂钩政策的实施实现了农村建设用地与城镇建设用地之间的置换,使得大量的农村人口进入小城镇。一方面,使得小城镇变得活跃起来,有效地刺激了小城镇的发展潜力;另一方面,土地置换所获取的收益也用于完善小城镇的建设,有效地推进了我国小城镇的发展。而小城镇和农村社区的快速发展也吸引了一些城市企业
吉林省长春市	通过对长春市经济技术开发区进行"拆旧区、建新区和行政村建立"来实现增减挂钩政策,统筹城乡发展,转变经济发展模式,推进新型城市化建设	①有效增加开发区的耕地数量;②增加当地农民的收入;③提高土地节约集约利用程度;④完善安置区的基础设施和公共服务设施;⑤促进社会主义新农村建设和新型城镇化发展;⑥改善项目区生态环境和景观生态质量(王极等,2012)	

试点城市	项目特色	成效	总体成效
重庆市九龙坡区	通过采用"政府主导，自下而上""先补后用，跨区流动""市场化补偿，自行安置"的地票制度来实现城乡一体化发展	①有利于统筹城乡土地利用，提高土地利用效率；②保护耕地红线；③促进农民增收和农村发展；④促进土地节约集约利用；⑤加快新型城镇化发展；⑥统筹城乡发展（桑士达，2015）	的目光，并在政府招商引资的配合下，大力发展第二和第三产业，逐步形成以城带乡、以工促农的城乡发展一体化格局，实现统筹城乡发展

* 1 亩≈666.67m²。

资料来源：作者根据文献整理自制。

4）存在的问题

（1）户籍制度的完善滞后，加剧城乡二元分化。在城乡建设用地置换的运行过程中，并没有打破城乡二元结构的制度禁锢，使得以户籍制度为首的就业、教育和社会保障制度等并没有普及到增减挂钩试点，农村人口也难以获得城乡一体化发展所带来的经济、社会效益。反而是一些地区，盲目地推进增减挂钩政策，虽然推进了城市建成环境的发展，但由于户籍制度不完善，大量的农村人口虽然住进了城镇，但依然被隔离在城市之外，形成了城乡地区的"人地脱钩"。随着增减挂钩政策的进一步推进，户籍制度改革的滞后也会加剧城乡二元分化（关小克，2013）。

（2）农民的权益有时得不到保障。我国城乡建设用地增减挂钩的目的是将农村节余出来的建设用地用于小城镇的发展和城市建设，并提高农村居民的生产方式和生活水平。一些地方政府为了当地的发展，有时在违背农民意愿的情况下强拆强建，甚至没有指标就进行村庄改造，导致强拆强建和先拆后建的现象日益增多。而农民尽管通过增减挂钩政策住上了"高楼"，但是其权益并没有得到充分保障。其主要体现在：①强拆强建虽然使农民住上高楼，但却并没有解决农民的就业问题，他们还是以种地为主。农民集中居住后，增加了种地的交通成本，用于生产的农具往往没有地方安置，盲目的拆迁加大了农民的生活成本。②农民进行宅基地置换的过程中，往往由于补偿的标准较低，使得农民原有的大面积宅基地置换后变成小面积住房，一些农民在心理上难以接受，导致土地纠纷不断（易小燕等，2011）。

（3）土地整理出的耕地质量差。在城乡建设用地增减挂钩的过程中，不仅要实现耕地占用与补充在数量上一致，还需要做到质量一致，但是在许多地方，往往只看到在数量上保障耕地的占补平衡，忽略了耕地复垦的质量，"占优补劣"的现象越来越多，一些地区甚至将不能复垦为耕地的宅基地也纳入了建设用地指标之中。这在一定程度上造成了耕地的隐性减少，既浪费了国家的人力、物力与财力，加重了农民的负担，还损害了我国人民赖以生存的耕地资源。

（4）相关配套政策与法律法规不完善。在城乡用地增减挂钩的过程中，往往涉及宅基地产权的问题。按照现行的法律规定，农村集体土地的所有权归农村集体所有，但是集体和农民在权益关系上比较模糊，通过增减挂钩整理出来的土地没有明确的产权归属，其收益分配问题还没有得到解决。增减挂钩政策实施多年以来，并没有出台相应的配套政策和法律法规，导致农村集体建设用地的管理比较薄弱，侵害农民权益的现象时有发生。

（5）发达地区与落后地区差异加大。在严格控制建设用地总量和增量的前提下，建设用地指标成为了一个地区发展的重要影响因素。例如，重庆市通过实行"地票"制度，将农村集体建设用地复垦并经过土地管理部门的验收后，产生建设用地指标，并在农村土地交易所进行招拍挂交易。而且政府按照农村集体建设用地复垦的规模来增加相同数量的城市建设用地。这种情况就使得经济越是发达的地区，由于其经济实力雄厚，获取的地票越多，其建设用地指标也越多，从而加快了其城市的发展，而落后地区则没有足够的经济实力来获取较多的建设用地指标，因此，就加大了发达地区与落后地区的发展差异（赵金龙等，2011）。

（6）城市扩张的外部性依然留在农村。在我国城市化发展的过程中，城市建设往往停留在城市内部，而城市化所带来的城市扩张就形成了外部影响，对农村地区的用地布局、农地生产能力及农村生态环境保护等问题几乎不关心，反而不断地占用城市周边的农村土地。而建设用地增减挂钩政策的实施也是致力于将城市扩张的外部影响内部化，但由于城乡二元结构的存在，增减挂钩项目区的组成仍然是城镇和农村，虽然优化农村用地布局与结构可以保障耕地的质量与数量，但是城乡差异所引起的城市扩张外部性依然还留在农村地区（李旺君和王雷，2009）。

2. 宅基地换房

1）宅基地换房提出的背景

随着我国城市化进程加快，土地供需矛盾日益尖锐——伴随人口和用地规模的不断扩大，城市对建设用地的需求越来越大，在土地供给无弹性约束下，建设用地与农用地之间的矛盾日益突出。然而在广大的农村，宅基地大量闲置或低效率利用、"一户多宅"甚至"空心村"的现象屡见不鲜。而农村宅基地过度分散的布局造成了大量土地资源浪费，农村公共物品和服务提供的效率低。一方面，现行的农村宅基地利用造成了大量的资源浪费；另一方面，阻碍了农村经济建设和生活水平的改善。因此，需要对农村宅基地进行改善以缓解我国土地供需矛盾。党的十七大进一步强调，"要统筹城乡发展，切实推进社会主义新农村建设"。十七届三中全会通过了《中共中央关于推进农村改革发展若干重大问题的决定》，提出了"建设社会主义新农村，形成城乡经济社会发展一体化新格局的基本要求"（银正宗，2011）。

以宅基地换房办法建设示范小城镇是推进农村城市化进程、实现城乡统筹发展的新探索、新思路、新举措。它的根本目的是实现农民"安居、乐业、有保障"。宅基地换房政策于 2005 年首次在天津市华明镇展开，并且从 2005 年下半年推广到全市，在"十二镇五村"分批开展试点，试点涉及 129 个行政村的近 18 万农民，分三批共 29 个示范小城镇试点规划建设，农民还迁住宅和公建共 2000 万 m²。2009 年 8 月正式施行《天津市以宅基地换房建设示范小城镇管理办法》。截至 2013 年 6 月，天津先后规划批准了 48 个示范小城镇试点，涉及 683 个村和 100 万农民。示范小城镇试点规划总面积为 5800 万 m²，总投资 3000 亿元，目前已累计开工 4400 万 m²，竣工 2500 万 m²，完成投资 1500 亿元，基本建成 23 个示范小城镇村，45 万农民入住小城镇。

浙江省嘉兴市也于 2008 年借助浙江省统筹城乡综合配套改革试点地区的机遇，推行"两分两换"的政策，同年，重庆市也推行了"两交换"的宅基地换房政策。2008 年后，北京、广东、江苏、安徽、湖南、河南、河北、云南等地也开始效仿天津和浙江省嘉兴市实施"宅基地换房"政策，各地的做法与天津市华明镇、浙江省嘉兴市大同小异。

以宅基地换房推进城市化不仅是部分农村土地变为城市用地的过程，还是农民转变为市民的过程（银正宗，2011），且有效地推进了我国社会主义新农村建设，推动我国小城镇的经济社会发展。

2）宅基地换房流程

宅基地换房政策主要是在农民自愿的基础之上，以其宅基地按照当地的置换标准直接获取一套小城镇内的住宅，并由农村迁入城镇居住，有的地区还伴随着户口的变迁；而农民原有的宅基地则复垦成为耕地，在保证当地耕地数量不变的基础上，往往还会剩余大量的宅基地，通过对这些剩余宅基地进行土地整合，并将这些节余土地通过"招拍挂"的形式进行出售，可以获得大量土地收益，这些收益可以用于建设小城镇的住房及弥补其城镇建设的资金缺口。宅基地换房政策不仅在一定程度上改变了农民的生产、生活方式，还提高了城乡建设过程中的经济、政治和文化水平（图 2.1）。

3）试点案例

我国从 2005 年开始在全国多处开展宅基地换房试点，目前主要以天津的宅基地换房、浙江嘉兴的"两分两换"及重庆的"两交换"政策为主（表 2.3）。

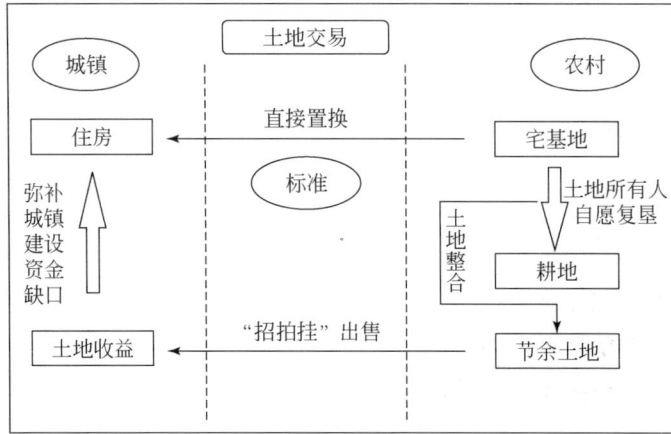

图 2.1 宅基地换房流程示意图

资料来源：作者自绘

表 2.3 天津、浙江嘉兴、重庆三地的宅基地换房政策对比

宅基地换房	天津	浙江嘉兴"两分两换"	重庆"两交换"
基本情况	自 2005 年天津市开展自上而下的以宅基地换房建设小城镇和新农村的工作，并于 2005 年在天津市华明镇首次开展"宅基地换房"政策。从 2005 年下半年开始，天津在"十二镇五村"分批开展试点，试点涉及 129 个行政村的近 18 万农民，分三批 29 个示范小城镇试点规划建设，农民还迁住宅和公建共 2000 万 m²（王婧等，2011）。并于 2009 年 8 月正式颁布《天津市以宅基地换房建设示范小城镇管理办法》。截至 2013 年 6 月，天津先后规划批准了 48 个示范小城镇试点，涉及 683 个村和 100 万农民。示范小城镇试点规划总面积为 5800 万 m²，总投资 3000 亿元，目前已累计开工 4400 万 m²，竣工 2500 万 m²，完成投资 1500 亿元，基本建成 23 个示范小城镇村，45 万农民入住小城镇	2007 年，嘉兴市实现 GDP1585.18 亿元，按户籍人口计算，人均 GDP 达 47153 元。相应地，在经济增长方式、城市扩张方式尚未根本改变的情况下，嘉兴市土地需求也急剧增长。再加上国家对供地总量的严格控制，嘉兴市土地指标已经非常紧张。嘉兴市于 2008 年借助浙江省统筹城乡综合配套改革试点地区的机遇，推行以农村宅基地置换城镇房产、土地承包经营权置换社会保障的土地使用制度改革试点工作（嘉兴市简称其为"两分两换"改革试点工作），并将这一工作作为该市深化城乡综合配套改革的重点与城乡经济社会发展一体化新格局的关键来抓（尹亚姝等，2010）。嘉兴市在该市南湖区七星镇等 9 个镇进行试点，涉及区域总面积 255.3km²、3.71 万户农户、13.7 万人	重庆是位于我国西部地区的直辖市，在这个 3000 多万人口的特大城市中，农村人口占 2/3，40 个区县中有近一半为贫困县。根据中国发展门户网提供的城乡居民收入数据，测算出 2008 年重庆城乡居民收入差距为 3.55：1，高于全国平均水平（3.31：1）。它具有典型的城乡二元结构特征。近年来，重庆农村转移出来的农民工已达 700 多万人，由于缺乏相应的制度设计，如何促进农民工在工业化进程中有序转移的问题成为统筹城乡发展的主要矛盾。重庆市从针对农民工的制度设计着手，以农村土地流转为突破口，以交换推动农民变市民，实现城乡统筹。针对典型的城乡二元结构，重庆根据实际情况选择城乡统筹发展综合改革试点条件较为成熟的九龙坡区为改革试点，主要在华岩、白市驿、西彭三镇试点先行。其中，以九龙坡区白市驿镇最为典型（冯蓉晔，2015）

续表

宅基地换房		天津	浙江嘉兴"两分两换"	重庆"两交换"
相同点		①在政策实施的过程中，始终以政府为主导，遵循承包责任制不变、耕地面积不减、农民自愿的原则（冯蓉晖，2015）；②有关宅基地置换的试点适用范围都选择在产业相对发达、地理位置优越的城市近郊地区；③不是单纯的拆房和换房，是一个城镇化建设的系统工程，它包括农民搬迁后土地复耕、子女教育、解决就业、社会保险和社区管理等多项配套政策（王志宪等，2013）；④按照一定的比例进行宅基地与城镇房产的置换；⑤在一定程度上解决了我国的"三农"问题，推进城乡统筹改革，有效地推进我国新农村建设		
不同点	背景	推进建设新型小城镇（贾志鹏，2010）	推进土地资源整合和实现农民的社会保障权益	以农村土地流转为突破口，推动农民市民化
	参与对象	试点范围内，任何自愿向村委会提出以宅基地换取新建小城镇住房的集体经济组织成员	改革区内的农户（冯蓉华，2015）	有稳定非农收入来源、自愿退出宅基地使用权和土地承包经营权的农户
	实验标的	宅基地使用权及宅基地上的原有房屋、新建小城镇中的新建住房及其国有土地的使用权	宅基地使用权及宅基地上的原有房屋、新建住房及其国有土地的使用权，农民的土地承包经营权（程同顺和杜福芳，2011）	宅基地使用权及宅基地上的原有房屋、新建住房及其国有土地的使用权，农民的土地承包经营权
	运行主体	采取融资与建设合一的模式，由东丽区滨丽小城镇开发投资有限公司作为东丽区政府出资设立的有限责任公司，全面负责项目融资、建设、整理复耕、签订协议等事宜	成立新市镇投资开发公司，使其作为建设项目的主体，具体负责征地、融资、规划、建设	采取融资与建设分立的模式，由九龙坡渝龙集团的国际投资公司负责试点建设的融资和资金运作，试点乡镇负责整理复耕等事宜
	户籍制度	农民的身份并未发生变化，他们依旧是集体经济组织的成员，户籍并未发生深刻变化	农民身份发生变化，由农民变为市民，户口由农业变为非农业	农民身份发生变化，由农民变为市民，户口由农业变为非农业
	运作程序	房屋普查，建立档案；规划建设；组建融资经济体；村民申请；实施换房（冯蓉华，2015）	成立公司、融资；"两分两换"；土地复垦；取指标（冯蓉华，2015）	申报及户口变更；补偿及安置；农民退出宅基地和承包地
	管理依据	《天津市以宅基地换房建设示范小城镇管理办法》	《关于开展节约集约用地试点加快农村新社区建设的若干意见》	成渝全国统筹城乡配套改革实验区建设规划
	核心思路	在国家现行政策的框架内，坚持承包责任制不变、可耕种土地不减、尊重农民自愿的原则，高水平规划、设计和建设有特色、市域产业集聚和生态宜居的新型小城镇（冯蓉华，2015）	以宅基地集中置换为突破口，鼓励农民放弃承包地和宅基地，集中居住，借此实现城乡建设用地增减挂钩，推进土地集约利用，降低城市化成本（冯蓉华，2015）	在符合国家相关法规的基础上，探索"双交换"，即"用城市的社会保障换农村的承包地、用城市的住房换农村的宅基地"的办法，逐步推进城乡户籍、社保、土地使用及行政管理等的制度改革

注：此表为作者根据文献（冯蓉华，2015）绘制。

4）宅基地换房取得的效果

（1）宅基地换房带给农民实惠。以宅基地换房、以村庄换社区是推进农村城市化建设的一种崭新方式，这一政策的实施给农民带来了实惠。主要体现在4个方面：①改善农民的居住环境；改变农民原有的思维方式、生活环境、生活方式，使农民能够共享现代城市生活方式；使地区农民整体素质提高（程同顺和杜福芳，2011）。②一方面，宅基地换房促进农民向城市集中，创造更多就业空间；另一方面，宅基地换房建设小城市，能够实现农民宅基地市场价值显化和农民住宅的商品化、产权化，大幅提高农民资产性收入和非劳动所得。③农民进小城市居住，集中程度大幅度提高，有利于城市政府实现公共管理服务的集中化、集约化，将有力地推进服务升级，增强农民自我管理的意识，努力创建和谐社区。④农民转为城市居民，村民变成了市民，逐步享受与城市居民相同的社会保障，这是以宅基地换房推进城市化建设带给农民的最大实惠。

（2）宅基地换房推进小城镇建设。政府通过结合城乡建设用地增减挂钩试点工作，在国家现行法律框架内，坚持承包责任制不变、可耕种土地不减、尊重农民意愿的原则，高水平规划、设计及建设有特色、适合产业集聚和生态宜居的新型小城镇。但当前制约我国小城镇建设发展的因素是土地与资金。在当前国家宏观调控大背景下，不可能通过大量占用耕地来建设新的小城镇，必须以确保耕地总量平衡为前提。以宅基地换房，将农民迁移到新建小城镇居住，把农村村落占地和粗放使用的宅基地集中起来，统一规划，整理复垦为耕地。复垦耕地超过了小城镇建设所占用的耕地，确保了耕地没有减少，实现了土地集约利用（贾志鹏，2010）。而且通过宅基地换房的形式可以提高土地利用效率，将节约出来的土地进行开发经营，同时以土地收益补偿小城镇建设所需要的基金。因此，宅基地换房政策的实施有效地推进了我国小城镇的发展。

（3）宅基地换房加快我国的城市化进程。我国城市化进程的缓慢与我国户籍制度的滞后有很大关系，户籍制度割断了城乡经济应有的联系和互动，农村的发展主要依赖于自身，而农村地区也因为经济投入少和基础设施不完善，发展越来越落后，从根本上加剧了我国城乡二元分化。我国于1984年开始在全国进行户籍制度的改革，我国改革户籍制度是以缩小城乡差距为目标的。而"宅基地换房"不仅与我国户籍制度改革的最终方向相一致，还使农民不花钱就可以改善居住环境，实现了农村的城市化，这就大大加快了我国的城市化进程，有利于我国的发展和综合国力的增长。

（4）改善了产业结构，实现了经济集约化和跳跃式发展。宅基地换房政策的实施促进了我国小城镇的发展，一些地区抓住了这个发展机会，对小城镇进行经济结构调整和产业升级。将那些区位优势明显、经济结构完善或发展潜力巨大的小城镇进行重点改善，形成不同的产业格局，逐步形成运输条件雄厚、商业发达或旅游资源丰富的各具特色的新型化小城镇。并在此基础上，加强基础设施和公共服务设施的完善，形成经济、社会和人口集中的格局，实现小城镇经济集约化和跳跃式发展。

（5）有效地保护耕地。宅基地换房，将农民迁移到新建小城镇居住，把原来沿河沿路分散布局的村庄占地及粗放使用的宅基地集中起来，统一规划，整理复垦为耕地。复垦耕地超过了小城镇建设所占用的耕地，确保了耕地没有减少，有效实现了耕地的"占补平衡"。现行法律规定农村宅基地使用权不能自由流转，其出发点之一也是保护耕地（贾志鹏，2010）。

5）宅基地换房存在的问题

（1）宅基地换房现有经济主体的弊端。宅基地换房现有的经营主体是政府投资公司，它是由政府出资建立的，在宅基地换房中占有主导地位，主要负责对农村宅基地进行土地整理、土地流转、农村居民安置小区的建设及新城镇的建设工作等。而政府投资公司一直以来都没有被确认为是行政主体还是民事主体，这就导致在宅基地换房的过程中，政府投资公司作为宅基地换房的经营主体还难以得到农民的认可。

（2）法律规范的空白。宅基地换房的主要依据是政府制定的行政规范性文件，这些规范性文件大多属于低位阶的部门规章、地方法规或规章。而法律位阶更高的法律、行政法规对此问题没有明确规定。这使得宅基地换房变得相当不稳定，造成现在许多地方的宅基地换房根据自己制定的运行方式进行，缺乏统一的模式，有的地方遵循农民的意愿，选择是否进行"换房"项目，有的地方则强制农民必须参与；而且对于农民宅基地换房的标准也没有相关的规定，造成了一些地区政策实施的混乱局面。

（3）安置房置换标准不公平。例如，在嘉兴的宅基地换房过程中，农民可以置换的房屋类型主要是多层房屋和高层房屋，并且户型面积一般在120m^{2}以下。在农村宅基地置换城镇房屋的过程中，农民可获得的城镇住房标准建筑面积有上限规定，一般最高是260m^2，这就使得超过上限的农户无法置换到等面积的安置房，如某一农户拥有一套500m^{2}的住宅，但却只换得260m^{2}的住房面积，往往会使得该农户在心理上难以承受（向勇，2010）。

（4）农民生活成本增加。宅基地换房实现了农民居住空间上的纵向集中，改变了传统小农经济以家庭为单位的运作模式。对于没有放弃农地承包经营权的农民来说，宅基地换房后，耕作距离变长，交通成本增加，配套进行的宅基地复垦将改变原有的基础设施体系，通勤成本会大幅上升，传统的庭院经济也将不复存在，尤其是家庭养殖业无法维系，这将从根本上改变现有的农村经济结构。目前，各试点为鼓励农民搬迁，小区中的物业费、取暖费、电梯费、村委会工资等都是由镇政府补贴的，使农民暂时感觉不到城镇生活的压力，但后期会逐渐转移到农民肩上，生活成本会明显增加（于丽卫和王刚，2014）。

3. 江苏省"万顷良田"建设工程

在土地资源紧缺的矛盾日益尖锐的前提下，为有效集聚农村潜在资源，有序统筹城乡发展，优化土地利用结构，推进规模化、现代化农业的发展，促进农村耕地资源、建设用地资源、劳动力资源和市场需求与公共服务资源的有效集聚，江苏省国土资源厅于2008年9月下发了《关于印发<江苏省"万顷良田建设工程"试点方案>的通知》，决定在全省开展万顷良田建设工程试点工作。

万顷良田建设工程以"有效集聚潜在资源，有序统筹城乡发展"为核心内容，在"耕地面积不减少，建设用地不增加，农民利益不受损，国土规章不违背"的前提下，依据土地利用总体规划、城镇规划，按照城乡统筹发展、加快社会主义新农村建设步伐要求，以土地开发整理项目为载体，以实施城乡建设用地增减挂钩政策为抓手，通过对田、水、路、林、村进行综合整治，增加有效耕地面积，提高耕地质量；将农村居民迁移到城镇，节约集约利用建设用地；建成大面积、连片的高标准农田，优化区域土地利用布局，实现农地集中、居住集聚、用地集约、效益集显的系统工程（江苏省国土资源厅，2008）。

2008年10月6日，江苏省国土资源厅发布了《江苏省"万顷良田建设工程"试点方案》（苏国土资发[2008]290号），11月以淮安市涟水县为首家试点，拉开了全省万顷良田建设工程的序幕。2010年5月，全省有47个县（市、区）向国土资源厅提出试点申请，提交的试点工程共53个，其中，苏南18个，苏中14个，苏北21个。截至2011年，江苏省有53个县（市）提出了试点申请，已经建成高标准农田 $2667hm^2$，实现新增耕地 $667hm^2$。

江苏省万顷良田建设工程在统筹城乡发展的过程中，通常会涉及城乡经济、社会发展规划的诸多方面，工程的实施也因为对象具有多样化的尺度和层面，其发展方向也趋于多元化，因而造就了多样化的发展主体，产生多种发展目标，并与土地利用相衔接而形成多层次、多目标的系统模型（赵得军等，2011）。该系统基于万顷良田建设工程的核心，以目标为导向，实现农地集中、居住集聚、用地集约、效益集显的系统功能。

1）万顷良田建设工程的核心

优化土地资源空间配置的本质是以土地利用可持续发展为根本目标和准则，在一定区域内使土地资源需求能够满足当代社会经济发展的需要；以统筹兼顾、节约用地和集约经营、地尽其利与提高效益、持续利用为原则，强调土地利用是时空结构的最优化（陈梅英等，2009）。而万顷良田建设工程的核心则是通过优化土地资源空间配置来实现试点区域产业土地的空间利用配置，优化土地利用格局，推进土地资源的节约集约利用，将农村耕地、建设用地、劳动力及公共服务资源有机地整合起来，促进城乡经济建设发展。工程的关键也在于如何根据试点区域的土地资源数量、质量及空间布局合理地确定其开发利用潜力，结合试点地区相关规划，实现城乡土地资源的合理配置，从而统筹城乡经济社会一体化发展。

2）万顷良田建设工程的目标

万顷良田建设工程是在我国经济发展快而土地资源稀缺的背景下提出的，通过优化土地资源配置来开发农村土地资源潜力，因此，实现我国城市化和工业化的快速发展，通过优化建设用地、节约集约用地来保障我国经济建设用地供给量成为了万顷良田建设工程的首要目标。在保障我国城乡经济建设的前提下，合理地配置农村劳动力资源，促进农业产业集聚式发展成为了万顷良田建设工程的中期目标。在农村劳动力产业布局发展成熟时，转变农业发展方式，推进我国社会主义新农村建设，提高我国城镇化水平，加快城乡统筹发展则成为了万顷良田建设工程的最终目标。

3）万顷良田建设工程的系统功能

万顷良田建设工程以优化土地资源空间配置为核心，通过试点区域节约集约利用土地实现首要目标，再协调农业格局与劳动力资源来实现中期目标，最后通过转变农业发展方式、推进新农村建设来实现最终目标。通过三项目标的达成来实现产业要素集中发展、土地集约发展、区域协调发展、推进农村改革发展、城乡统筹发展的功能（图 2.2）。

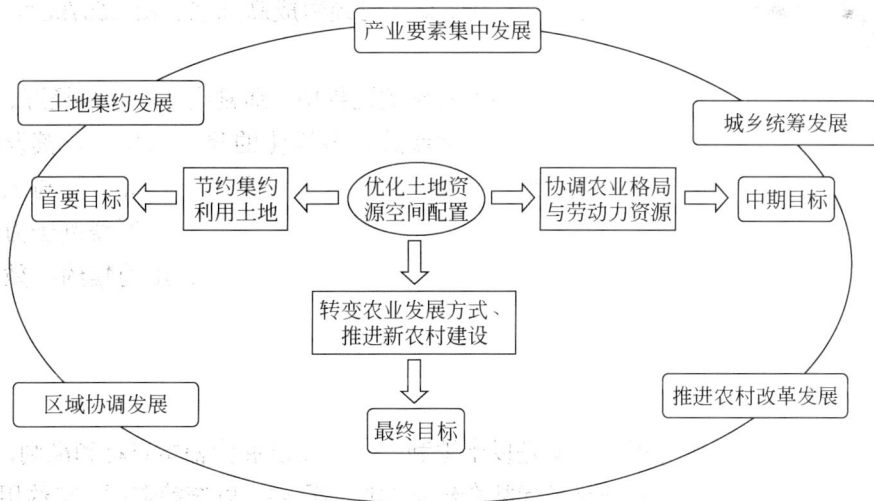

图 2.2　万顷良田建设工程框架

4）成效与意义

（1）构建土地综合整治共同责任机制。为调动各级政府参与重大工程和示范建设积极性，江苏积极转变管理方式，采取多种措施充分发挥各级政府职能，改变了国土部门"单打独斗"的局面，整体推进农村土地整治示范建设。围绕整体推进农村土地整治示范工作，江苏省财政厅、国土资源厅共同研究编制了《江苏省整体推进农村土地整治示范建设总体方案》，提出项目管理和资金使用方面的建议。土地整治示范建设管理意见充分征求省沿海办、住建厅、农委、电力局、广电局等部门的意见。多部门积极筹划，落实责任任务，构建土地综合整治共同责任机制（魏鑫，2012）。

（2）实现农民身份的三重转变。万顷良田工程的实施有效地实现了农民身份的转变，主要表现在3个方面：首先，由农村搬迁到城镇，实现了生活方式的转变；其次，农民手中的土地承包经营权流转到土地股份合作社，农民成为了整治后新田地经营的股东，实现了生存方式的转变；最后，一部分农民经过培训，掌握了现代化耕作技术，改变了原有的农业生产方式，从事现代化农业生产，实现了生产方式的转变（魏鑫，2012）。

（3）推进城乡统筹和社会主义新农村建设。万顷良田建设工程以优化土地资源空间配置为核心，节约集约利用土地资源，保障城乡经济社会协调发展，并合理配置农村劳动力资源，促进农业产业集聚式发展，待发展成熟时，转变农业发展方式，提高农村经济水平，推动农村基础设施建设和公共服务配套设施完善，推动我国社会主义新农村建设。总的来说，万顷良田工程的实施既推进了城乡统筹发展，提高了城市化水平，又改变了农村的落后面貌，推动了社会主义新农村建设。

（4）促进耕地保护和节约集约用地。万顷良田工程通过土地整治实现了耕地数量增加、质量提高的目标。以优化土地资源空间结构为核心，改变了农村原有的粗放利用模式，进行土地的节约集约利用，将农村耕地、建设用地、劳动力及公共服务资源有机地整合起来，促进城乡经济建设发展。

（5）促进农村土地管理制度改革深化。土地整治的全过程涉及土地确权、布局调整、农民土地权益维护等问题，围绕改革农村土地产权制度、规范农用地流转、构建耕地保护经济补偿机制、完善土地收益分配机制等，各地均进行了积极探索，这些尝试有利于完善农村土地整治制度环境，整合土地整治、增减挂钩、集体建设用地流转三种形式的农村土地管理制度改革政策和措施，充分发挥项目整合、资金融合的优势，促进土地资源、资产、资本"三位一体"管理，提高政策的综合效益（魏鑫，2012）。

（6）实现劳动力资源集聚。建设万顷良田工程，可实现劳动力向城镇转移，帮助农民实现就地、就近就业，让离土离乡和离乡不离地的农民得到妥善安置，充分享受城镇生活。

（7）可以进一步挖掘和激发市场消费需求。大量农民离开分散的农庄而集中居住，将形成新兴的市场，激发出新的消费能力，这对市场繁荣和服务业的发展都将产生强大的推动力。

5）存在的问题

（1）拆迁比较难。实施万顷良田建设工程之前，必须在试点村落发放公示，获得大多数群众的同意和认可后才能开展，这是实施万顷良田建设工程必须遵循的原则。而农民守土、守家的传统意识较强，一些"出则务工、入则务农"的中老年人乡土情感较浓，通过集中居住改善生活条件的同时，农村居民的生活成本提高了，生活支出增加了，涉及农民的切身利益、情感及生活习惯等（易小燕，2011），因此，一些农民不情愿改变他们所熟悉的生活、居住环境，农民拆迁搬家难度的增加也阻碍了万顷良田工程的进展。

（2）农民产权"双置换"矛盾较多。党的十七届三中全会明确农民土地承包关系保持稳定且长久不变，国家《物权法》规定农民房屋等私有财产受保护。万顷良田建设工程实施中，当触及农民土地承包经营权和宅基地产权置换问题时，一些农民认为社会保障是政府对纳税人应尽的责任，农民只能通过土地承包经营权置换来获取社会保障，本身就是对农民的不公平；另一些农民也会将其与近年来园区开发和城市改造拆迁的政策进行对比，与临近地区的拆迁、安置情况进行比较，将眼前利益与今后利益进行衡量，从而产生各种各样的想法（易小燕，2011）。这些比较来自于不同乡村经济和地理环境的差异，就会使得农民在产权"双置换"过程中的矛盾增多，加大万顷良田工程的实施难度。

（3）资金成本投入多，融资压力大。万顷良田建设工程需要以大量资金为基础，目前项目的资金主要来源于地方政府土地建设挂钩指标的使用和省以上土地整理投资，资金的来源途径单一，只有在土地市场比较景气的情况下才能保障项目的顺利进行。而对于大部分试点而言，在土地、村庄大规模整改和安置房的建设及农民的保障方面还需要大量的投资（易小燕，2011），万顷良田工程实施过程需要大量的成本资金投入，且已经投入的部分也存在着较大的风险损失，加剧了地方政府的融资压力。

（4）土地整理后现代农业产业化运作难度加大。目前，投向农业的社会资本还不够活跃，因此，难以找到规模经营企业向农业产业化投资，项目招商问题尤为突出。而且规模经营企业是以市场自负盈亏作为其经营主体，必须承担市场风险，如果因企业自身原因导致亏本甚至倒闭，将直接影响到原流转承包地农民的利益，甚至引发社会问题（易小燕，2011）。因此，土地规模经营后，一方面，需要政府来对其进行实时监管；另一方面，还需要政府来保障现代农业产业化的发展，加大了运作难度。

（5）农民生活保障的问题。在万顷良田工程实施的过程中，被征地农民搬迁到了城镇居住，在此过程中，农民的生活保障存在较多问题。首先，土地补偿标准过低，分配和使用不合理。目前的征地补偿制度中，只是补偿了农村土地产值部分，并没有考虑土地因级差地租而产生的增值收益及经济发展水平之间的差异。其次，农民的就业问题并没有有效解决，更没有出台相应的规定来对其进行保障。被征地农民失去土地后，由农民变成市民，但按城市生活方式和生产所需要的就业安置并不到位，但又无田可耕，造成这部分人生活困难，上访现象时有发生，影响社会稳定（杜小娅和陈慧梅，2012）。最后，虽然该工程实施后，政府从农民基本养老保险、最低生活保障等方面对被征地农民进行保障，但生活成本的提高也使农民生活质量不能得到保障。

4. 农村社区化

随着我国城市化、工业化、信息化的不断完善，大量的农村人口开始放弃原有的耕作模式，选择外出打工，尤其是以"二代农民工"为主，农村土地闲置问题越来越突出。农民工进城后，逐渐融入城市生活，生活方式也发生了较大的改变，并间接地改变了我国农村人口的生活方式，农村人口也逐步形成城市生活方式。2006 年党的十六届三中全会上通过了《中共中央关于构建社会主义和谐社会若干重大问题的决定》，在这项决定中，明确提出了"推进社区建设，完善基层服务和管理网络，全面开展城市社区建设，积极推进农村社区建设，健全新型社区管理和服务体制，把社区建设成为管理有序、服务完善、文明祥和的社会生活共同体，完善居（村）民自治，支持居（村）民委员会协助政府做好公共服务和社会管理工作"（杨苏琳，2014），农村社区建设的概念也在这一决定中首次被提出。同年 7 月，民政部下发了《关于做好农村社区建设试点工作推进社会主义新农村建设的通知》（司林波和孟卫东，2011），在全国多个地区开展"农村社区化"试点工作。所谓农村社区化，就是在地区社会、经济条件成熟时，在充分尊重农民利益的基础上，通过政府手段来对农村村落进行规划，将散落的农村自然村庄集中规划到一起，形成中心社区，并按照城市社区的生活方式和管理模式来为农村社区提供公共服务的一种社区建设模式（司林波和孟卫东，2011）。

农村社区化不仅是农村建设发展的重要方向，还是我国城市化的重要形式。我国已经在山东、浙江、湖北及河北等多个地区开展了农村社区化建设。在对农村村落重新规划的过程中，农民可以选择以"宅基地"换房的方式实现农村宅基地与中心社区住宅的置换。

1）运行模式

"农村社区化"自 2006 年提出并实施以来，由于各试点农村情况有差异，产生了不同的模式，根据区域分布情况分为三种模式：以宁波市镇海区棉丰村为例的"一村一社区"模式、以湖北省秭归县杨林桥镇白鹤洞村为例的"一村多社区"模式，以及以山东诸城市为例的"多村一社区"模式（蔡勇志和郭铁民，2010）。

（1）一村一社区。一村一社区模式是我国大部分农村社区建设试点所采用的模式。不同地区由于农村情况不同，即使都属于一村一社区模式，社区建设的内容也不同。一村一社区模式是以单一建制村为基础建立一个社区的模式，农村村民自治组织比较健全、村委会组织稳固。在大多数实行一村一社区模式的村落，村民委员会往往起到了领导作用，能够带领全村村民对农村社区做出整体性规划。如果某地区的一村一社区开展得好，一方面是因为该地的农村社区具有稳固的基层组织社区；另一方面是有着良好的集体经济基础。

（2）一村多社区。一村多社区模式是指在一个建制村内有着多个以自然村落为基础的社区，主要分布在我国的一些山地丘陵地带，这些地区往往村落辖区很大，覆盖范围一般在方圆几十千米左右，一个建制村管辖着多个自然村落，每个自然村落往往只有几十户人家，人口也较为分散。一村多社区模式的产生通常是由于当地村民的自治领导能力不够或区域划分不适当。这一模式虽然区域范围相对较小，但活动灵活、组织方便，比较适合组织机构分散或村民居住区域分散的村落。总的来说，一村多社区模式是对现有机构设置得不合理和领导力度不够的一种自然调节，需要在组织机构和区域设置上充分考虑农民对农村社区建设的需求。

（3）多村一社区。多村一社区模式是指在一个地区（往往是指县级市地区）以多个村落为基础建立一个社区的模式。这主要是由于地区有限的政府公共服务资源大多集中在城区和乡镇驻地，服务半径较大，城乡分布不均，公共服务难以覆盖广大农村。这些地区对传统的公共服务机制进行改革，将地域相邻的几个村庄划定为一个社区，充分考虑农民的需要，打造"2～5km 社区服务圈"，在社区中心村落设立公共服务机构。这一模式也是我国农村社区化所产生的一种典型模式，主要运用山东省潍坊市所管辖的诸城市，自 2007 年以来，诸城市围绕着统筹城乡发展，按照地域相近、规模适度、便于整合利用现有资源的原则，采用多村一社区的模式，将全市农村划分为 208 个农村社区，每个社区选择一个中心村，建立社区服务中心，为农民提供"一站式"的公共服务。2009 年，诸城市又提出全面推进农村社区化发展，形成聚集式发展的诸城市模式。在 2010 年以后，山东各城市都学习诸城市模式，进行农村社区化（单凯，2013）。

2）预计成效

（1）提高农村公共服务水平。长期以来，我国在教育、医疗、社会保障及公共基础设施建设等方面的资金投入主要偏向于城市。农村地区本就严重缺乏公共服务，这一不平衡的投入加大了城乡基本公共服务之间的差异。通过开展农村社区化，建立农村社区服务中心，加大对农村社区的资金投入，完善农村社区公共服务体系，使得农村居民与城市居民一样享受良好的教育资源、高效的医疗卫生服务、社会救助等公共服务。实行农村社区化，既提高了农村居民的公共服务水平，也有利于缩小城乡基本公共服务之间的差距。

（2）加快农村经济的发展。随着农村地区社区化的发展，农民经济模式发生了转变，由原来的单一式经济转变为合作式经济。发挥社区优势，优化重组生产要素，建立特色产业园区，引导和升级农村专业合作社，增强农民之间的组织合作能力，对农村产业进行规模化经营，实现农村经济的快速发展（单凯，2012）。

（3）推动服务型政府的发展。在农村社区化过程中，政府改变了原有以管理为主的职能，逐步向以服务为主转变，越来越多的政府部门都将其服务职能延伸到农村地区，实现城乡基本公共服务资源的合理、公平配置。在为农民生产与生活服务的过程中，增强了为人民服务的意识，提高了为农民群众服务的能力，并大大推动了服务型政府的建设与发展（单凯，2012）。

（4）促进城乡一体化发展。我国通过推行农村社区化服务，政府加大了农村地区公共服务设施和基础设施的建设，农村地区的工业和农业发展也逐步壮大起来，城市的一些企业也开始向农村地区延伸，逐步形成以城带乡、以工促农的城乡一体化发展格局。而农村社区服务中心作为新型农村的引导者，为农村居民提供了和城镇居民一样的政府公共服务和社会化服务，提高了农村地区的土地利用集约化程度，加大了招商引资的力度，大力发展第二产业和第三产业。推行农村社区化服务，从经济、社会和文化方面促进了城乡一体化发展。一些发展较好的农村社区开始向社区型小城镇转变，这一转变也推动了我国城镇化发展的步伐。

3）存在的问题

（1）农村社区化过程中，农民需自行承担损失。在农村社区化过程中，地方政府为有效缓解城市建设用地不足的压力，通过"村改居"的形式使农民放弃原有的农村宅基地，集中搬迁到多层楼房和两层住宅。在农民搬迁之前，其所拥有的宅基地属于农村集体所有，可供农村家庭使用，是农民的现实财产；在农村社区化实施之后，集中搬迁的农民将失去宅基地，只有房产。农民拥有宅基地时，可以在宅基地上选择自行再建，而一旦失去了宅基地，则不能自行建造。因此，在农村社区化实施的过程中，集中搬迁的农民以拥有独立宅基地的房产换取了没有独立宅基地的房产，所产生的利益损失则需要由农民自行承担。

（2）换房农民失去土地级差收益。2008年国土资源部出台的《城乡建设用地增减挂钩试点管理办法》中，明确规定了农村土地由于城乡置换所产生的级差收益要用于相应农村的基础设施建设，并按照城市反哺农村、工业反哺农业的要求，优先用于支持农村集体发展生产和农民改善生活条件。然而，一些地区实施农村社区化之后，农民通过宅基地换房，仅在小城镇或社区中心村落得到一套补偿房，而宅基地换房之后所产生的经济效益由地方政府支配，与农民无关，并且，农民将不再享受土地级差收益（司林波和孟卫东，2011）。

（3）农民社区建设资金缺口较大，服务设施不完善。在社区建设的过程中，一方面，由于经济社会条件不成熟，政府和农民都不能为社区建设提供足够的资金；另一方面，政府和农村群众将资金投入到新一轮农村房屋建设中，缺少资金来投入社区建设，导致农村社区建设产生较大的资金缺口，即使社区建设所产生的资金缺口较小，也没有更多的资金用于社区配套设施的完善。部分社区功能既不完善也不合理，使得农村社区空有其名，根本不能满足社区居民的物质文化需求（康维波和宋明爽，2013）。

（4）农民社区规划混乱。一些地区在对农村社区进行规划时，由于缺乏大局观和长远的眼光，只看重眼前的利益，对农村社区随意开发，一方面，没有长远计划的规划难以吸引开发商，使得社区招商引资有极大困难；另一方面，混乱的规划会使社区交通规划混乱，农民也不愿意选择在农村社区居住。

（5）加大农民生活负担。在农村社区建设中，将多个自然村集中到一个中心村，虽然实现了土地的集约利用，但由于缺乏经济基础，中心村落并不能为农民提供就业机会，农民依然只能以耕地为主，而村庄的迁移却加大了其交通成本；而农村居民通过宅基地置换，搬迁到中心村落，虽然住上了类似于城镇小区的高楼，但却使得农民无法再养殖牲口家禽，减少了农民的收入（司林波和孟卫东，2011），加大了农民的生产和生活负担。

5. 重庆地票

重庆地票是城乡建设用地增减挂钩指标的票据化，农户或其他农村建设用地使用权人自愿申请，并征得农村集体经济组织同意，把闲置、废弃的建设用地复垦为耕地，经验收确认腾出建设用地指标，留足农村发展空间后，节余部分提交重庆农村土地交易所公开交易，就形成了地票，即可在全市规划建设范围内使用建设用地指标。"地票"模式是省域内城乡建设用地跨区域置换的典型模式（程世勇，2010），这种模式允许"农村建设用地复垦为耕地而产生的建设用地指标"通过市场渠道在全市范围内实现远距离、大范围配置。按照《重庆农村土地交易所管理暂行办法》第 18 条的规定，重庆农村土地交易所交易的地票是指农村宅基地及其附属设施用地、乡镇企业用地、农村公共设施和农村公益事业用地等农村集体建设用地，经过复垦并经土地管理部门严格验收后产生的指标。地票交易是一种城乡建设用地挂钩指标，交易超出了县级行政区域的范围，在重庆市范围内进行市场配置，可以在更远距离、更大范围内实现城乡土地资源的优化配置。地票交易是实现城乡建设用地市场配置的重要途径和方式之一。

地票作为中央城乡建设用地增减挂钩政策的一种形式，与其他地区实践相比有独特之处：①地票制度是省域范围内城乡建设用地跨区域置换的典型模式（程世勇，2010）。通过地票指标，实现城乡土地在全市范围内远距离、大规模的资源配置，这超越了传统"挂钩"政策试点的行政区划，把远郊区也纳入指标来源地。②重庆地票交易模式使城乡建设用地指标置换票据化，让原本不可移动的农村建设用地可以凭借地票转化为可移动的资产。③与增减挂钩采用"先占后补"的模式不同，重庆地票实行的是"先补后占"的模式，实行"先造地后用地"的方法，确保耕地"占补平衡"。④地票的"打包"拍卖方式实现了地票价格的统一化。"打包"方式把不同地区的建设用地指标进行整体竞拍，地票价格不会受到级差地租的影响，竞拍成功后按照地票面积进行利益分配。

2.2.2 国 内 研 究

1. 城乡建设用地增减挂钩研究

自从我国 2004 年提出"鼓励农村建设用地整理，城镇建设用地增加要与农村建设用地减少相挂钩"（《国务院关于深化改革严格土地管理的决定》（国发〔2004〕28 号））以来，城乡建设用地增减挂钩试点工作已在全国多个城市开展，关于"增减挂钩"的研究也陆续增多。总体而言，关于"增减挂钩"的研究主要包括挂钩政策、地方实践、挂钩潜力、挂钩风险与建议等方面。

王君等（2007）对挂钩的内涵与意义进行了分析，提出了政府主导型、市场主导型、农村集体自主型三种运行模式，并进行了比较分析，总结出现阶段政府与市场相结合的模式是我国"增减挂钩"的最佳运行模式。陈俊华等（2012）通过分析"增减挂钩"的原理及组成、表现形式、周转指标的计算方法对"增减挂钩"周转指标的内涵进行了研究，提出了自己理解的挂钩周转指标的计算公式，并指出挂钩周转指标的形成应该充分考虑挂钩供给区域和挂钩需求区域的级差地租，统筹联动拆旧区与建新区。赵金龙等（2011）却认为虽然"增减挂钩"提高了土地利用效率、缓解了用地紧张的局面，但导致了耕地质量下降、城镇用地粗放、村民利益受损等问题，并认为其原因在于政府的完全主导性和农民权利受限。贺艳华等（2008）从空间层面提出了"地域协调、区内整合、市内挂钩"的三层空间挂钩体系，以及组团挂钩、扇状挂钩、圈层挂钩有机结合形成的"点-轴-面"的空间挂钩形态的观点，对湖南省的挂钩模式进行了实证研究。曲衍波等（2011）以北京平谷区为例，通过预测规划期理论人口数，结合各地的人均建设用地标准计算出农村居民点理论潜力，并运用耕地适宜度指数与经济社会限制指数对其进行修正，得出农村居民点整理潜力，并计算出新增城乡建设用地的耕地净需求量，建立挂钩指数替力模型，分析各乡镇的挂钩能力指数，为该地区的挂钩分区提供依据。另外，曲衍波等（2013）还基于级差地租与供求理论，在增减挂钩分区研究和农村居民点整治潜力的基础上，对建新区与拆旧区进行了适应性评价与修正。在选择出合适的拆旧区与建新区后，通过挂钩时空联建模型的构建，提出了拆旧-建新挂钩项目区，为该地区增减挂钩项目的开展与地域间挂钩数量的分配与时序安排提供了参考。张晓平等（2012）以江西省崇仁县孙坊镇为例，把农村居民点斑块作为基础的评价单元，选取了以耕地适宜性、社会经济条件、村庄状况三大因素下的耕地邻接度、村庄破旧程度、斑块规模等八大次因素为代表的评价体系对挂钩的现实潜力进行综合评价，迁移合并型农村居民点斑块是该地区现实潜力的来源。庄社明等从挂钩背景、内涵、意义、可信性等方面对挂钩政策进行了思考，提出了挂钩三大阻力，分别为村镇体系规划滞后、农村居民点整理的观念障碍和资金瓶颈，并给出了编制合理科学规划、明确土地产权、建立挂钩保障资金、建立合理的土地估价制度等政策建议（庄杜明，2005；张宇和欧名豪，2006）。黄旭军（2010）认为，"增减挂钩"存在的有关问题是主体不明确、规划欠科学、重指标轻管理及资金缺口大，并提出精心组织、科学规划、明确主体、加强宣传、市场运行、筹备资金、改革创新、挂钩优惠等建议。

2. 实践研究

我国城乡建设用地置换有 4 种典型模式，包括天津"宅基地换房"、江苏万顷良田建设工程、山东农村社区化、重庆地票交易市场（王婧等，2011）。

1）关于宅基地换房的研究

关于宅基地换房的研究，主要从"宅基地换房"的优势、问题及未来发展思路、换房意愿和农民利益几个方面开展。

（1）在"宅基地换房"的优势方面，向勇（2010）通过对宅基地合作社经营主体制度进行创新性探讨，认为其有利于维护村集体利益，有利于维护农民利益，有利于降低政府置换成本，有利于降低开发商的投资门槛，有利于降低土地经营利用风险。杨成林（2013）概述了"天津宅基地换房示范小城镇"的建设模式，认为在一定的约束条件下，"宅基地换房"制度是有效的土地制度创新，"宅基地换房"示范小城镇的建设模式是解决"三农问题"、统筹城乡的成功模式，但该模式的实施和推广受区域经济发展水平的制约。经济发达是该模式成功的基础，单位土地价值高是该模式成功的关键。贾志鹏（2010）通过探索"宅基地换房"的模式，认为"宅基地换房"成功地解决了小城镇建设中土地和资金问题，提出小城镇建设的新思路、新途径，进一步加快了农村城市化进程。崔宝敏（2010）对天津市"以宅基地换房"模式的运行机制和主要特征进行了分析，认为以"宅基地换房"模式实现了农村土地和资金的"双闭合"，提高了土地的利用效率，构建了新的投融资体制，在城郊结合部具有一定的推广意义。张红星和桑铁柱（2010）认为保护农民利益的关键在于划定市场与政府的边界，设计合理的治理结构，而天津"宅基地换房"模式是治理结构的创新，一方面政府在不完全合约中引入了规范与权力，降低了分散交易的成本；另一方面民主协商的政治程序保障了农民的谈判力。与国家征地机制与分散交易机制相比，这一新的土地非农化模式有利于推进城市化、有利于保护农民利益。

（2）在农民"宅基地换房"的意愿研究方面，魏凤和于丽卫（2011）以合理行动理论（TRA）为依据，选取天津市宝坻区 8 个乡镇 24 个自然村为样本，基于对 373 个农户的调查数据，利用因子分析和结构方程模型（SEM），对影响农户"宅基地换房"意愿的因素进行了系统分析。研究表明，合理行动理论能够很好地解释农户"宅基地换房"的意愿，其中农户的行为态度、主观规范对行为意愿有显著正向影响；农户"宅基地换房"决策理性尚处在"生存理性"向"价值理性"过渡阶段；家人意见及已经换房者的意见对农户"宅基地换房"决策有显著正向影响。魏凤和于丽卫（2012）运用计划行为理论分析农户"宅基地换房"意愿中的行为特征，依据天津市宝坻区6个乡镇18个自然村的298份调查数据，建立Logistic二元选择模型，对影响农户"宅基地换房"意愿因素进行系统分析。结果显示，计划行为理论能够很好地解释农户"宅基地换房"的意愿，农户的行为态度、主观规范、感知行为控制对其"宅基地换房"行为意愿有不同程度的影响，其中户主受教育程度、改善住房条件、改善交通出行条件、家人意见、已经换房者意见、社会保障得到解决等变量的影响呈显著正相关。

（3）在"宅基地换房"需要完善的方面，于丽卫和王刚（2014）认为"宅基地换房"是推进我国小城镇建设的一种示范模式，并且是由天津市提出并展开试点工作，通过分析"宅基地换房"模式的内涵，指出"宅基地换房"模式在推进过程中存在的问题并提出了对策建议，为天津市完善"宅基地换房"政策提供决策参考。蔡玉胜和王安庆（2010）认为"宅基地换房"是当前具有鲜明特点的土地利用模式之一，指出了"宅基地换房"模式存在的难题，需要从完善农村土地产权交易与利益保障体制、培育和发展农村专业经济组织、改革农村社会治理结构等方面进行综合配套改革。詹明民（2010）、万国华（2009）从法律的角度对"宅基地换房"进行了思考，认为"宅基地换房"应坚持合法原则、自愿原则、创新原则、平衡原则，指出"宅基地换房"面临土地流转问题、产权关系变化所引发的问题、农民权利和权益的保护问题、农民迁到城镇脱离土地所要面临的社会问题等，建议加强"宅基地换房"制度立法，完善征用土地补偿制度的相关立法。陈伟峰和赖浩锋（2009）以天津华明镇为例对"宅基地换房"进行调研，认为"宅基地换房"是建设小城镇过程中的一种新探索，对于推动新农村建设，探索农村集体土地流转具有借鉴意义，同时也提出天津"宅基地换房"经验不能照搬，具体操作需要因地制宜，尤其是做好规划、选好址、筹好资金、解决土地流转问题等。

（4）对"宅基地换房"中农民利益的关注是研究的热点。林昕（2016）认为宅基地换房还处于初步阶段，实践过程中往往容易损害到农民的利益，因此，以"农民权益保护"为研究中心，探讨试点中有时有损害农民利益的问题，提出相应的解决建议，以保障农民的权益。胡运霞（2009）对天津市华明镇"宅基地换房"流转绩效进行了研究，从政策实施的原则坚持情况、政策目标的实现情况进行调查分析，认为需要在耕地保护、农民未来安置做好工作。马林靖和王燕（2015）对天津4个"宅基地换房"试点镇的调研表明，"换房农民"换房后虽然平均收入有所增加，但支出的增长更快，净收入有减少的趋势；而其就业状况也不容乐观，2012年有50.67%的劳动力没有工作，有36.44%的家庭依靠政府补贴生活。对政府行为与"换房农民"就业的博弈分析表明，一次性货币补偿过多或提供的失业保障过多，都会降低"换房农民"的就业意愿，而政府提供有效的就业服务则可促进"换房农民"的就业。程同顺等（2011）指出宅基地换房中有时存在失地农民部分利益受损，农民在征地过程中处于被动地位，置换方法有失公平以及可持续生存问题突出，少数人的基本权利没有得到应有的尊重。岳永兵等（2011）对"宅基地换房"过程中存在对农民宅基地补偿不足的问题，依据宅基地的特性与价值，以天津华明镇宅基地换房为例，提出了宅基地换房补偿的建议。李志文（2012）对宅基地换房的利弊进行分析，并提出科学规划、尊重农民意愿、运用市场机制保障群众利益、保证换房农民的可持续生存和发展等建议。周京奎等（2010）以"宅基地换房"为例，对天津滨海新区集体建设用地流转模式创新进行了调查研究，认为在该土地流转模式下政府必须加强农民的就业安置工作，加强指导农民开创新的生活，同时建立更加透明的实施机制和更加有效的监督机制。

2）关于江苏省万顷良田建设工程的研究

关于江苏省万顷良田建设工程的研究主要集中在该工程的优势、反思和发展建议等方面。

（1）在对万倾良田建设工程的优势方面。易小燕（2011）认为江苏省万顷良田建设工程是实施城乡建设用地增减挂钩政策、实现农村耕地资源、建设用地资源以及公共服务资源等集聚的一项土地整理工程。夏鸣（2011）认为万顷良田建设工程是以农为本，统筹城乡发展的基础性系统工程，有序地推进这一宏大、务实、艰巨和渐进的历史性工程，必将促进城乡资源配置渐趋合理，加快我国的工业化和城市化进程。胡光汉（2011）以镇江新区"万顷良田"工程政府推动型土地流转制度为案例，认为在人多地少、土地不均、社会保障不完善、农民对土地依赖程度较高的情况下，建立以土地承包经营权换被征地农民基本生活保障为主体、土地流转为辅的土地改革制度，能解决现阶段土地矛盾。赵得军等（2011）在分析万顷良田建设工程实施背景的基础上，构建了万顷良田建设工程系统模型，揭示了万顷良田建设工程系统的核心、系统目标、系统功能和系统特征，提出了相应的政策措施和对策建议。诸培新和刘玥汐（2012）以"万顷良田建设工程"项目为依托的农村集体建设用地流转，通过对农民住宅拆迁补偿与宅基地置换安置，使农民获得了区位条件更好的两套以上的公寓住宅，为农民通过"房东经济"长期分享城市化进程中的土地增值收益创造了基本条件，比现有的土地征收一次性补偿有改进。

（2）在万顷良田建设工程的反思方面。倪羌莉（2013）认为宏观层面在推进模式、客观环境和宣传角度等三方面存在不足。在微观层面存在农村土地产权确定不够明晰、土地利用规划与管制不够明确、土地"双重功能"（保障功能、资产功能）的重新定位、农村土地增值收益缺乏共享机制等。季钦（2014）认为万顷良田建设带来一场剧烈的社会变迁——农业生产将小农排斥在外并从农业社会"脱嵌"；农民被迫放弃土地，离开世代居住的家园，住进空间高度压缩的集中安置区；人与自然、生产与生活、往世现世与来世之间的有机联系被打破；传统的复合性乡村空间在行政强制力的作用下瓦解并重构。杜小娅和陈慧梅（2012）分析了江苏省万顷良田建设工程中的社会保障模式，认为农民生活保障模式存在的问题是补偿标准过低、分配和使用不合理，征地就业安置不到位。黎智辉和张媛明（2012）基于万顷良田建设工程的时空背景，认为农民安置区的规划设计定位为多层公寓式住宅小区，并分析农村独院居住式与城市公寓居住式的不同，通过在环境空间道路以及住宅方面实现其原有形式的延续，提高村民对新住区的适应性。

（3）在万顷良田建设工程的发展建议方面。赵小风·（2013）通过实地调查和定性分析考察南京市靖安街道"万顷良田建设"实践，科学界定农村土地综合整治的概念，探讨如何通过制度安排协调和处理农村土地综合整治中出现的社会关系和社会矛盾，探索城乡统筹的新路径。王海玫和王丹（2009）结合江都市小纪镇万顷良田建设工程的试点工作，提出了合理选择项目区范围，与相关规划方案相协调，多渠道筹集工程建设资金，妥善解决项目区农宅拆迁安置工作，创新土地承包经营权稳定与流转，促进农业向规模化、集约化、产业化和特色农业发展的建议。杜晓娅和陈慧梅（2012）通过对万顷良田建设工程地区目前实施的社会保障模式进行分析，对农村土地承包经营权流转方式和农民生活保障制度进行探索，认为建立、完善与土地流转方式相适应的农民生活保障体系是亟待解决的现实问题。王丹（2009）通过以"万顷良田"为载体的实地调查，对农民城镇化意愿、城镇化趋向及城镇化模式进行了探讨，提出促进城镇化的措施与手段。

另外，还有学者对万顷良田建设工程中农民的意愿进行研究，如诸培新等（2015）以南京市栖霞和江宁两区万顷良田工程为例，通过问卷调研与案例分析，研究农村土地整治的区域社会经济条件满足程度与农户的意愿偏好及其影响因素。结果发现房屋搬迁补偿标准、安置房价值、承包地处置情况与农户长期生活保障对农户参与意愿有决定作用。

3）"农村社区化"的研究

对农村社区化的研究包括农村社区化的内在机理、发展模式、问题与发展建议等方面。

（1）在农村社区化的内在机理方面。李升（2016）认为农村社区化进程包含由空间转型向文化转型的双重过程，由此促进农村由传统村落治理模式向社区管理模式转变。从北京近郊区的实地调查结果来看，在农村社区化的双重转型过程中，尽管空间转型影响了传统村落文化，但农民的日常生活依然具有很强的"路径依赖"特征，村落的终结并不意味着农民的终结。然而，特大城市的土地价值内嵌于农村社区化的空间转型，极大地促进了农民原初的生存理性转变，这可能使得城市化进程中的特大城市农民市民化进程呈现特殊路径。

（2）在发展模式方面。蔡勇志和郭铁民（2010）通过将我国各地区农村社区化试点进行汇总，分为一村一社区、一村多社区和多村一社区三大类，并将三个模式进行比较，认为由于我国农村情况千差万别，也使得各地区推进社区化的方式和途径多种多样。

（3）在农村社区化存在问题方面。李增元和李洪强（2016）对农村社区化治理中存在的问题进行总结，如治理的技术手段亟须创新、服务对象和内容不够全面等；其推进面临诸多困境，如缺乏权威的法律规范指引、治理的体制机制有待完善、治理的社会基础较为薄弱。刘力和邱道持（2014）认为农村社区化面临土地管理的困境，包括土地利用规划管理困境、农村土地资产管理困境、维护农民权益的困境。司林波和孟卫东（2011）认为农村社区化需要四个基础条件：区域经济社会较为发达、政府科学规划、把农民利益放在重要位置、完善的社区公共服务。而某些地方的农村社区化进程中存在"被城市化"的现象，超越了当地经济社会发展的承载能力，由政府强制推动的村庄撤并现象。主要表现在大规模乡村撤并，农民住宅"城市化"；村改居的实施过程中，农民不得不承担经济损失；农村宅基地置换获得的级差地租收益，有时不是归还农民；农村社区化农民处于被动局面；配套措施不完善。

（4）在农村社区化的发展建议方面。李增元和李洪强（2016）从我国农村社区化治理的现状与实践探索出发，分析了我国农村社区化治理中存在的问题与所面临的困境，并提出了破解其困境的基本思路与对策。张秀吉（2011）以齐河县农村合村并居为例，分析在农村社区化建设中的多元利益，并提出综合治理方法。王研等（2009）以重庆市九龙坡区社区化管理的实证为例，分析该区在城乡统筹大背景下的农村社区化管理主要模式及其运行机制，总结农村社区化管理有效开展的经验，提出完善社区化管理体制的对策建议。康维波和宋明爽（2013）将农村社区化发展置身于我国城市化发展的大背景下，通过探索得到农村城市化健康发展的关键在于科学解决农村社区建设中土地资金问题、妥善安置社区建设中的困难户和建立起农村社区建设发展的长效机制这三个方面。张颖举（2013）对一个中部经济百强县（市）的分析发现，进度过快的农村社区化超越了县乡财政的承受能力。认为短期内全国大部分县、至少是大部分中西部县在资金方面都不具有农村全域社区化的可行性。农村社区化建设应量力而行和创新筹资机制，并由政府主导转向政府引导、农民主导、市场参与。

4）重庆地票研究

关于重庆地票的研究主要包括制度、模式对比、利益分配、价格、法律、农民权益保障等方面。

（1）制度研究：胡韵（2011）、张震霞（2012）对地票交易制度，包括产生背景、意义、价值体现、存在问题、完善制度等方面进行了分析总结。胡罱（2011）应用 SWOT 法分析了地票交易制度的优劣势、机遇和挑战，提出了应该完善配套制度，建立公平的利益分配机制等建议。吴琨（2011）在总结了成都地票交易模式失败的教训后，引入

TDR 模式对重庆地票制度进行了研究，提出完善利益分配机制，加强城市规划与土地利用规划有效衔接，法律规定引入土地发展权等建议。邱继勤和邱道持（2010）对地票制度的特征和产生机理进行了分析，并提出了完善地票制度的建议。

（2）成渝地票模式对比研究：谢来位（2011）认为，成渝地票在地票交易价格保护、交易总量控制、交易基本宗旨和地票用途上有共同性。在地票产生、地票使用、地票交易和收益分配方式上存在差异，并提出汲取成都地票制度合理成分，完善重庆地票制度。张文波（2012）认为，成渝地票制度的本质差别在于设计理念的不同——重庆地票制度着重强调政府主体的作用，成都地票制度着重强调农民主体的作用。设计理念的不同也导致了地票制度其他方面的差异。

（3）利益分配研究：宁涛等（2012）、鲁春阳等（2010）认为，重庆地票制度的利益分配主要存在收益分配政策不稳定、区域差异大、缺乏合理的分配理论、分配管理和监督机制不健全等问题，并都提出了厘清产权关系、加强收益分配理论研究、建立利益分配监督管理机制等建议。谭新龙（2010）从博弈经济学角度分析了政府、农民、开发商及被征地农民的利益分配，提出政府应该发挥更大的服务作用保障农民利益，防范村干部与农民一起寻租行为，创新地票交易组合以替代"打包"交易等观点。张东一（2011）从土地增值的角度分析利益分配，指出政府在土地增值部分有时占有很大比重，高于农村集体经济组织和农民，还强调合理分配土地发展利益。

（4）地票价格研究：张泽梅（2012）认为，地票成交价大大高于起拍价是由市场需求、拍卖方式、地票面积、竞价累积效应和地票用途造成的。

（5）法律研究：马瑞霞（2011）从法律关系主体、法律关系客体、法律关系内容3 个方面对地票各交易主体的权利和义务进行了分析，提出法律应该明确地票持有人的地块选择权，补偿地票持有人拿地失败的利息损失，建立耕地和农民利益保障的配套机制，完善地票交易机制。吴娟（2011）从农村集体建设土地流转的角度指出目前的法律制度限制了农民土地财产权的实现，导致农村"隐形"流转现象严重，并提出法律应该明确农村集体建设用地使用权的流转，明确产权关系，明确多种流转形式等观点。

（6）农民权益保障研究：针对农民在利益分配中所处的地位状况，学者们提出重新测算对农民的补偿价格，完善地票监管机制（莫燕等，2013），加强地票信息宣传（胡显莉和陈出新，2011），确保农民在复垦和地票交易中的主体地位（覃琳和丘凌，2012）等建议。

3. 城乡建设用地置换风险研究

虽然城乡建设用置换缓解了用地矛盾，新增了耕地面积。但置换试点地区普遍存在若干共同风险。

（1）农村土地产权主体缺位：没有给出对农村集体建设用地和国有土地的明确界限。

农村土地所有权产权的不明晰导致在补偿标准、土地收益等方面农民处于弱势地位（白珏，2009；李长健和梁菊，2010）。

（2）农民利益受损：农村土地资源通过成本价格征收，再利用市场机制实现价值（陈锡文，2010）。但是城市建设的出发点是城市发展，政府有时对农村和农民利益受损的外部性原因关心较少，缺乏对农民失地后的基本生活保障，学者们提出城乡二元结构，农民的弱势性，乡镇政府职能异化等都是本质原因（白珏，2009；李旺君和王雷，2009）。

（3）过分追求"指标"：部分"挂钩"试点区域过分看重建设用地周转指标，把"挂钩"指标看成是实现土地收益的工具，忽视了耕地质量（朱琳，2010）。

（4）缺乏统筹规划："挂钩"指标在城市落地时，出现和原有规划用地的冲突状况，项目的实施缺乏与城市总体规划和土地利用规划的有效衔接（卢新海和赵凯，2011；王海鸿和李赛，2011）。

（5）耕地占补不平衡："挂钩"试点地区耕地面积实现了"占一补一"，但补充耕地的质量劣于占用耕地的质量，威胁耕地"占补平衡"（张凤荣和张琳，2006；于少康等，2010）。

（6）缺乏对周转指标归还的保证：对城乡建设用地置换周转指标归还质量和时间缺乏监管。虽然相关规定指出复垦出的耕地面积不得少于周转指标面积，复垦耕地质量不得低于被占耕地质量（欧阳芳菲，2010），但是农民搬迁受阻、资金链条断裂、拆迁矛盾、领导变更等都对周转指标按质按量、如期归还产生负面影响（王婧，2012）。针对风险，学者们已通过对城乡建设用地置换进行研究，如包括对置换问题现状分析（陈春等，2011）、宅基地置换机制探索（李旭辉，2014），在尊重农民"自愿"置换原则的基础上提出了若干置换优化意见。

在重庆地票的风险研究方面：地票产生、交易、落地和制度衔接 4 个方面对农村、农民的支持力度仍然有限，地票"打包"影响交易秩序，地票交易有可能推动房价上涨，建设用地指标双轨制四种风险（覃琳和丘凌，2012）。蒋萍（2012）将德尔菲法、头脑风暴法、DSP 制度风险研究体系相结合对地票风险进行定性识别，并运用层次分析法、模糊分析法、综合评价法对地票风险进行评估。结果表明，地票风险处于可控范围，5 种风险按风险值大小排序为农民权益保护风险、耕地保护风险、国家宏观调控风险、房地产市场风险、欠发达地区用地保障风险。钟杨和李颖颖（2014）运用文献分析法和专家咨询法识别出地票存在七大风险、24 个风险点，通过应用层次分析法、模糊评价法、综合评价法对地票风险进行评估，发现地票风险处于可控范围，七大风险由大到小分别是农民权益保障风险、政府宏观管理受冲击风险、耕地保护风险、地票制度自身运行风险、地票购买者权益保障风险、统筹城乡风险和房地产风险。梁小青（2011）从复垦、验收、交易、落地 4 个环节中识别出地票制度性风险。

2.3 研究评价与启示

2.3.1 总 体 评 价

目前，城乡建设用地置换以不同的实践模式在各地开展，我国学者在置换实践和置换研究上虽还处在探索阶段，但在缓解用地矛盾、加强城市资本反哺农村及研究成效等方面所取得的价值值得肯定。然而，各地置换风险频现，研究视角与研究方法缺乏拓展和深化。因此，需要在统筹城乡的理念下，对不同置换模式进行运行机理、操作流程、实施技术等方面的深入研究，促进城乡建设用地置换的合理发展。

对比国内外的研究可以看出，国外的土地发展权转移和我国的城乡建设用地置换的目的都在于保护耕地、提升土地利用价值、缓解用地紧张的困境。从对土地发展权转移和城乡建设用地置换的研究成果看，已经包括了许多理论研究、实践分析、归纳总结和优化探索，不同之处在于国内侧重理论研究，国外侧重实践研究，国外更注重通过构建多学科体系进行研究，而国内在这方面还比较欠缺。我国在城乡建设用地置换研究上鲜有通过定量模型对试点地区进行综合分析，大多是在出现问题后进行分析总结，并没有实证模型或实践数据支撑。国外研究者主要以土地发展权转移项目为基础，应用回归分析、决策分析、对比分析等数学模型对项目区面临的优劣势、项目发展的影响因素等进行研究。在多学科研究上，国外研究者对土地发展权转移注重构建学科体系，如把经济地理、人文地理、土地管理、环境科学、统计学等学科相结合。相反，我国对城乡建设用地置换的研究时间较短，在该领域的多学科结合应用方面还比较欠缺。

从对重庆地票制度的研究结果看，包括对地票价格制定、耕地保护、统筹城乡发展、收益分配、交易方式、风险防控等方面的许多研究。这有助于完善重庆地票制度。但是除缺乏定量研究外，还存在以下不足：缺乏从法律角度对地票交易中的产权界定、交易方式、风险责任追究、利益主体、交易监督管理等进行整体分析及随之而来的风险研究，缺乏详细的法律原则。尚未建立起对重庆地票制度的综合评价体系，很少从地票制度自身出发对制度制定的各环节和整体进行评价，目前大多是针对风险发生后进行的总结和评估。缺乏把重庆地票制度中的地票落地区和地票产生区，以及城市建设用地需求和农村土地复垦潜力作为一个整体进行相互关联研究。缺乏对地票交易的合理规模、定价机制、落地方式等方面的深入研究。

2.3.2 启 示

相较于英法，美国土地发展权转移与交易应用范围最广（农田保护、农业生态环境保护、农村特色建筑保护、历史遗迹保护等），理论与实践案例的研究成果最丰硕，并且对农田保护作出的贡献最大，所以美国的经验尤其值得借鉴。

美国 TDR 项目的实施就是通过一种财产性质的形式从一个地方转移到另一个地方（from one piece of property to another），以实现发展与增长。土地发展权的转移不仅使发送区受到了永久性的保护，而且接受区也获得了更高的建设密度的发展权（develop at higher densities）。另外，一些 TDR 项目还通过设立土地发展权交易银行（TDR bank）进行土地发展权的交易，并指出额外的建设密度发展（additional density）将成为开发商参与银行土地发展权交易的一项激励措施（Nelson A C et al.，2012）。虽然通过土地发展权的转让不仅消除了美国土地用途管制下靠政府划定的土地利用规划范围导致土地增益的差异（Thorsnes et al.，1999），而且还把土地发展权购买者的款项用于发展权出让区受保护地区的维护，降低了政府动用税收或者发行债权的财政压力（Pruetz，2003），并且抑制了土地分区带来的城市开发密度下降和城市发展向周边扩散的趋势，保障了城市的合理发展（McConnell V et al.，2006）。但是 TDR 也带来诸如发展权受让区过度开发（Weber et al.，2002；Oates et al.，1989），受让区房价上涨、人居环境变差、邻里街坊意见大（Tavares，2003），土地发展权价值难以准确估计引起产权利益纠纷（Thorsnes et al.，1999）等问题。所以，对美国 TDR 的认识应该具有两面性，对产生积极影响的政策因素在我国城乡建设用地置换实践中予以借鉴，对产生消极影响的政策因素予以警示乃至提出改进措施。考虑到中美两国在土地所有制、公民参与政策的积极性、法律明文规定发展权的权利性质及发展权转移的合法性等方面存在明显差异，所以中国不能完全依照美国的 TDR 与交易体制来发展我国的城乡建设用地置换，重点在于学习美国在制度制定和实施上的发展创新理念。具体包括以下内容。

1）加强城乡建设用地置换的立法研究

针对我国置换地区出现的各种由于产权界定不明导致的利益纠纷问题，除了继续完善农村土地确权登记以外，还应该推进置换中涉及的城乡建设用地置换方式、置换规模、利益主体、监管机制等方面的法律研究，尽快推出明确的章程。

2）注重研究方法的综合性和科学性

由于对城乡建设用地置换大多是定性分析，主观性较强。所以在以后的研究中应该多开展把实证数据作为支撑进行定量与定性相结合的研究。为了对城乡建设用地置换有更全面、客观的理解，需要积极构建多学科研究体系，通过学科融合、实证研究、定量与定性结合、文献分析、对比借鉴等方法的综合运用提高研究成果的可靠性。

3）构建城乡建设用地置换的研究体系

我国对城乡建设用地置换的研究还未系统全面化，在置换风险频现的背景下，需要加强对置换运行机理、置换方式和置换流程的研究。例如，对建设用地指标落地方式、利益主体间的博弈、农民失地补偿机制、农村建设用地价格评估等方面的研究。积极推进对不同置换地区进行宏观、中观、微观，主观、客观等不同角度的综合研究，探索各地的置换实践理论。另外，还需加强对城乡建设用地置换评估研究的支持。只有建立起完备的研究框架体系，才能有序推进该项制度的改革和完善。

4）积极借鉴美国的发展模式

置换方案的可行性研究：借鉴美国在土地发展权转移与交易发生前针对项目开展进行可行性研究的模式，包括召开公民咨询委员会，信息收集、方案评估等，有效避免项目推进后产生的负面影响。因地制宜的置换模式：美国各州对土地发展权转移与交易的操作模式不完全相同，通过在实践中不断完善该机制，耕地得到了有效保护。目前，城乡建设用地置换在我国多地有不同的尝试，虽有风险，但对保护耕地，盘活城乡土地资源是一条有效的途径。今后城乡建设用地置换应继续在各地开展，并完善运行机制，以实现耕地保护的最大化。供需平衡的指标交易：借鉴美国 TDR 交易原则，美国 TDR 交易量是以市场需求量为依据确定的，以需求定供给，并采取激励措施刺激市场对 TDR 的需求。设立交易平台：美国土地发展权交易银行便利了 TDR 交易，平衡市场交易，它的建立对保护耕地有统计显著性意义。重庆农村土地交易所与之类似，因此，在保留该交易平台的同时也要不断完善机制，保障地票交易有效运行。创新置换模式：从发展趋势认识到 TDR 将应用到更广的领域，促进社区持续发展。我国置换实践除了降低风险、完善机制外，也亟待发展创新模式，保障土地资源的有效利用。指标出让区权益保护：当美国土地发展权出让区有额外发展意愿时可以买回发展权以满足自身发展。面对我国置换实践也常出现建设用地指标从农村地区转移到城市发展新区后面临抑制自身发展（指标缺口抑制发展）的情况，可以借鉴美国的经验买回指标，或者给予更多的计划指标支持以弥补缺口。

第3章　地票起源与运行情况

3.1　地票产生的背景与建立过程

3.1.1　背　景

1. 土地改革是统筹城乡综合配套改革的重要突破口

2003 年，党的十六届三中全会《中共中央关于完善社会主义市场经济体制若干问题的决定》提出 5 个统筹的发展理念，即"统筹城乡发展、统筹区域发展、统筹经济社会发展、统筹人与自然和谐发展、统筹国内发展和对外开放"。改变城乡二元结构，实现统筹城乡发展，是我国各地在推进全面实现小康社会过程中需要解决的关键问题之一。在城乡统筹发展探索中，农村集体土地产权制度具有重要地位和影响，因为它涉及我国广大农村，涉及千千万万个农村家庭。2007 年 6 月，《国务院关于推进重庆市统筹城乡改革和发展的若干意见》（国发[2009]3 号）文件中，重庆市正式获准成为全国城乡统筹综合配套改革试验区，要求重庆率先探索建立统筹城乡发展的制度体系，其核心是构建以城带乡、以工促农的长效机制，实现公共资源在城乡之间均衡配置、市场要素在城乡之间自由流动。这一举措是中国在新的历史时期加快中西部发展、推动区域协调发展的重大战略部署，是国家落实科学发展观、推进和谐社会建设的重要举措，意义重大。土地作为人类社会最基本的物质基础，关系米袋子和菜篮子，是农民安身立命和农村稳定发展的重要资源，也是城镇化、工业化中调整城乡利益关系的重要纽带，其制度创新设计，势必在统筹城乡要素配置制度体系中居于基础和先导地位。农民进城后如何更好地处置农村土地、房屋，留在农村的居民如何更好地发挥土地作为资源、资产和资本的作用，如何推动城乡居民共享土地收益，关系到农村在改革中的持续发展和稳定。

统筹重庆市城乡发展关键在农村，农村发展的动力源于农村土地产权制度的变革。改革的深水区就是农村土地产权制度的改革。统筹城乡发展重点是要消除城乡之间生产要素流动的制度障碍，优化城乡要素组合，在提升城乡发展效率中缩小城乡发展差距。土地作为重要的生产要素，是统筹城乡制度创新的重点领域和关键环节，应创新设计、尽快突破，带动统筹城乡改革破题（李朝忠，2013；张文波，2012；杜军，2011）。党的十七届三中全会就提出，"按照产权明晰、用途管制、节约集约、严格管理的原则，进一步完善农村土地管理制度"。为贯彻落实党的十七届三中全会精神，2009 年国土资源部专门开展了农村土地产权制度改革与建设的调研①。2013 年 11 月，党的十八届三中全会提出，"要建立公平开放透明的市场规则，完善主要由市场决定价格的机制，建立城乡统一的建设用地市场"。对农民而言，十八届三中全会释放出三重利好信息：承包地的承包权、经营权可以抵押、担保、转让；宅基地可以抵押、担保、转让；农村的集体建设用地可以与城市的国有土地实行同地同权同价。产权缺失在一定程度上限制了农民从城乡统筹改革中受益。因此，在城乡统筹改革中进行农村集体土地产权制度改革势在必行。

2007 年以来，重庆市围绕土地资源相继实施了土地股份制改革、新农村建设、农村土地综合整治、城乡建设用地增减挂钩、地票制度、农民转市民、农房交易与抵押等工作。这些工作是重庆市在农村集体土地产权制度改革方面的尝试，它们促进了重庆市城乡之间资金、土地（建设用地指标）、人才等要素的流动，在一定程度上缩小了城乡差距，促进了城乡统筹发展。重庆市在科学发展观指导下，结合自身实际，开展了城乡建设用地挂钩、地票制度等有关农村集体土地产权制度改革的尝试，其中，"地票"制度在农村土地制度改革方面具有重大意义②。

2. 重庆用地矛盾突出，城乡建设用地增减挂钩提供了借鉴

随着工业化、城镇化脚步不断推进，特别是重庆市被国家确定为第 4 个直辖市以来，经济社会出现跨越式的发展，建设用地需求急剧增加，因建设占用耕地现象较普遍，保耕地与保发展的矛盾日益凸显。而重庆又是一个大城市带大农村的直辖市，"两难"矛盾和"双保"压力尤为突出，统筹城乡发展需要通过土地制度改革破题。

重庆外出务工的农民数量较多，相当一部分农民工长期在城市务工、生活，致使农村建设用地闲置、废弃的现象比较普遍。1997～2009 年，重庆农村户籍人口减少了 5%、常住人口减少了 31%，而同期全市农村户籍人口人均建设用地由 148m^2 上升到 156m^2，增长了 5.4%，城市常住人口人均建设用地由 183m^2 上升至 262m^2，增长了 43%，呈现"双增长"的格局（刘延厚，2016）。按照国际经验，由于城市人均建设用地比农村少，随着农民进城，相应会出现城市建设用地增加、农村建设用地减少、耕地总量增加的情况。重庆出现与之相悖的情况，主要原因在于，尽管大量农村人口进城工作和生活，但并未同步建立与快速城镇化相匹配的农村建设用地退出机制，农村建设用地并未随着农

---

① 国土资源部 2009 年专门开展了农村土地产权制度改革与建设的调研. http://www.szgtj.gov.cn/ShowNewsInfo.action?InfoID=3097.

② 周其仁，重庆地票：农村土地制度创新助推户籍制度改革. http://house.people.com.cn/GB/12471307.html.

民进城而有所减少，农民工在城市和农村两头占用土地，这与土地节约集约利用政策是矛盾的。而当时重庆市区县及市级相关部门等申报的建设用地计划总规模维持在 $3.73 \times 10^4 hm^2$ 左右，大约是国家实际下达给重庆新增建设用地计划指标的 4.5 倍，城镇建设用地供需矛盾突出。依据国务院批准的重庆市土地利用总体规划，2013～2020 年全市可新增城乡建设用地 378km²，其中，城镇增加建设用地 655km²，相应农村要减少建设用地 277km²。如果"双增长"格局不改变，很难完成这一任务。

真正节约集约用地必须盘活农村建设用地潜力，城乡建设用地增减挂钩试点恰好为重庆开展制度创新提供了借鉴。自 2006 年国土资源部启动城乡建设用地增减挂钩改革试点以来，城乡建设用地增减挂钩对推动新农村建设、加强耕地保护和节约集约用地、优化土地利用结构和空间布局等方面发挥了重要功效。但城乡建设用地增减挂钩制度仅限于在县级行政区内开展，对于显化级差地租收益，统筹城乡发展的力度还不够。同时，部分地方在开展城乡建设用地增减挂钩中有时还存在违背农民意愿强拆强建、农民"被上楼"、指标收益分配不合理等现象。城乡建设用地增减挂钩的制度原理和政策初衷是好的，问题出在实施范围过小和操作环节不规范，如何借鉴这一试点经验，通过新一轮土地制度创新推进城乡统筹发展，就提上了议事日程。

3. 赋予农民更多财产权利，需要探索市场化的价格发现机制

全面小康的短板在农村，难点在农民增收。我国农民收入主要由务工务农收入、工资性收入和财产性收入三部分构成（胡昌建，2011）。改革开放以来，随着家庭承包责任制的推行和农民进城务工限制的打破，前两者快速增长，而农民财产性收入却增长缓慢。土地是农民最重要的财产，但在现行城乡二元土地制度框架下，农村集体土地，特别是建设用地的用益物权缺乏有效的实现方式，农村土地财产只是"沉睡的资产"。从土地权能上来看，城市土地可以抵押，农村宅基地不可以抵押；城市土地和房屋可以自由流转实现价值，农村建设用地，特别是宅基地及农房，不能让城市市场主体直接参与交易，只能在法律允许的农村集体经济组织内部进行交易，价格极低，有的甚至低于农房建筑成本，这既不利于农民增收致富、农村经济发展和农村富余劳动力转移，也不利于撬动农村金融杠杆与支持新农村和小城镇建设，还阻碍了城镇化进程。随着城镇化的推进，相当一部分农村居民已产生交易农村土地资产的诉求，希望财产以合理的价格变现。这种诉求应当得到承认和重视，合法取得的农村集体建设用地应作为农民财产权得到承认，并加强相关制度设计，创造条件促其在更大的空间范围内发现和实现价值。这也是贯彻落实十八届三中全会赋予农民更多财产权利、保障农户宅基地用益物权的要求。

作为全国统筹城乡综合配套改革试验区，重庆担负着率先探索建立以城带乡、以工促农的长效机制，实现公共资源在城乡之间均衡配置，市场要素在城乡之间自由流动。面临用地矛盾，重庆在我国严格的建设用地总量控制制度下，借鉴城乡建设用地增减挂钩政策，建立地票制度，盘活农村建设用地，赋予农民更多的财产权利，为统筹城乡综合配套改革提供突破口。

3.1.2 地票建立的过程

1．设想阶段

2004 年 10 月 21 日，国务院下发了《国务院关于深化改革严格土地管理的决定》（国发[2004]28 号），其中，明确提出了城镇建设用地增加与农村建设用地减少相挂钩的政策，为构建地票制度提供了基础。2007 年，国家批准重庆为全国统筹城乡综合配套改革试验区，为实现城乡统筹发展，2008 年 4 月，重庆市政府提出"设立农村土地交易所，用市场化的办法来科学发现农村土地价格，使农民权益在土地流转中得到保障，开辟城市反哺农村新途径"的设想。

2．制度建立阶段

2008 年 8 月 5 日，国土资源部与重庆市政府签订了《推进统筹城乡综合配套改革工作备忘录》，其中即包括："国土资源部支持重庆市设立农村土地交易所，探索建立城乡统一的土地交易市场。重庆市制定详细的农村土地交易所具体实施办法，稳妥推进农村土地交易所的建立"；11 月 17 日，重庆市人民政府第 22 次常务会议审议并通过了《重庆农村土地交易所管理暂行办法》（渝府发[2008]127 号）；12 月 4 日，重庆挂牌成立全国首家"农村土地交易所"，地票制度伴随着农村土地交易所的成立正式建立。

3．制度实施阶段

2008 年 12 月 4 日，在重庆挂牌成立全国首家"农村土地交易所"的同时进行了首场地票交易；12 月 31 日，国务院常务会议审议并通过了《国务院关于推进重庆市统筹城乡改革和发展的若干意见》（国发[2009]3 号），明确"设立重庆农村土地交易所，开展土地实物交易和指标交易试验，逐步建立城乡统一的建设用地市场，通过统一有形的土地市场、以公开规范的方式转让土地使用权，率先探索完善配套政策法规"；随着地票交易的进行，2010 年重庆市国土资源和房屋管理局颁布了《重庆市国土房管局关于完善地票价款分配的补充意见》（渝国土房管发[2010]220 号）、《重庆市国土房管局关于印发<关于规范地票价款使用促进农村集体建设用地复垦的指导意见（试行）>的通知》（渝国土房管发[2010]384 号）等文件，2011 年重庆市国土资源和房屋管理局颁布了《重庆市国土房管局关于进一步规范农村宅基地及其附属设施用地复垦管理实行地票价款直拨的通知》（渝国土房管发[2011]162 号）、《重庆市国土房管局关于调整地票价款分配及拨付标准的通知》（渝国土房管发[2011]170 号）等文件，一系列地票制度配套文件的下发为地票的顺利实施提供了有力保障。自此，重庆地票制度经历了从设想到建立再到实施的阶段。截至 2015 年，重庆累计交易地票 15.26 万亩，成交额为 307.59 亿元，成交均价稳定在 20 万元/亩左右。在创新城乡建设用地置换模式、建立城乡统一的土地要素市场、显化农村土地价值、拓宽农民财产性收益渠道及优化国土空间开发格局等方面都产生了明显效果[①]。

重庆市第一张地票

李市镇孔目村下辖 8 个社，面积为 18.6km²，其中，耕地 467km²，林地 300hm²，全村总人口为 6626 人，2079 户，劳动力 4500 人，目前全村外出打工者有 2150 人，涉及农户 1100 户，其中，举家离乡及常年在外打工的有 450 户，孔目村人均纯收入为 7500 元，打工收入占农民人均纯收入的 60%。2008 年，孔目村是重庆市第一桩交易的诞生地，该村 32 户农民的宅基地 58.6 亩参与了第一桩地票交易（图 3.1）。重庆市国土资源群众普遍比较满意地票制度，因为地票交易将农民的闲置宅基地盘活，有效增加了农民的收入。

图 3.1　第一块地票复垦区土地利用情况

资料来源：重庆市国土资源和房屋勘测规划院

3.1.3　地票改革的制度保障

从 2008 年成立农村土地交易所并开展地票交易以来，重庆市国土房管局，出台

---

① 重庆市国土资源和房屋勘测规划院

了一系列政策文件以保障地票制度的良好运行。总结相关文件可以发现（详见表3.1），主要涉及以下几个方面：一是关于指导地票交易管理。例如，国发[2009]3号文提出了"设立重庆农村土地交易所，开展土地实物交易和指标交易试验，逐步建立城乡统一的建设用地市场"，这可以看作是地票制度产生的基础。二是关于地票产生方面的。例如，《重庆市国土房管局关于印发〈重庆市农村建设用地复垦项目管理实施细则（试行）的通知》《重庆市国土房管局关于进一步规范农村建设用地复垦管理工作的通知》等。正是由于对农村建设用地复垦的严格规定，才保证了耕地数量和质量，确保了保护耕地目标的实现。三是关于地票价款分配方面的。例如，《重庆市国土房管局关于完善地票价款分配的补充意见》《重庆市国土房管局关于印发〈关于规范地票价款使用促进农村集体建设用地复垦的指导意见（试行）〉的通知》《重庆市国土房管局关于进一步规范农村宅基地及其附属设施用地复垦管理实行地票价款直拨的通知》，这些文件对于地票价款的使用、分配及直拨进行了相应规定，由此看出地票价款的分配经历了由探索到逐步明朗，最终清晰的历程。四是关于地票改革配套方面的。例如，《重庆市国土房管局关于印发〈重庆市户籍制度改革转户居民农村宅基地处置与利用管理实施暂行办法〉的通知》，对户籍制度改革中涉及与地票相关的宅基地处置和利用作了相应规定，确保了与地票制度相关的配套改革顺利开展（部分文件原文详见附录）。

表 3.1　地票制度改革相关重要文件汇总表

文件名称	文件号	文件类型	主要内容	涉及地票方面
国务院关于推进重庆市统筹城乡改革和发展的若干意见	国发[2009]3 号	法规	设立重庆农村土地交易所，开展土地实物交易和指标交易试验，逐步建立城乡统一的建设用地市场	地票目标
国土资源部 重庆市人民政府推进统筹城乡综合配套改革工作备忘录			国土资源部支持重庆市设立农村土地交易所，探索建立城乡统一的土地交易市场。重庆市制订详细的农村土地交易所具体实施办法，稳妥推进农村土地交易所的建立	地票目标、地票管理
重庆市人民政府办公厅关于印发重庆农村土地交易所管理暂行办法的通知	渝府发[2008]127 号	地方法规	指标交易、权益保障	地票产生、地票交易
重庆市人民政府关于成立重庆农村土地交易所的批复	渝府[2008]168号		农村土地交易所职能职责	
重庆市人民政府办公厅关于印发重庆市户籍制度改革农村土地退出与利用办法（试行）的通知	渝办发[2010]203 号	地方法规	土地退出与利用	

续表

文件名称	文件号	文件类型	主要内容	涉及地票方面
重庆市国土房管局关于印发《重庆农村土地交易所交易流程（暂行）》的通知	渝国土房管发[2008]742 号	部门规章	地票申购、交易、成交等	地票交易
重庆市国土房管局关于印发《重庆农村土地交易所章程》的通知	渝国土房管发[2008]743 号	部门规章	农村土地交易所职能职责、监督管理等	
重庆市国土房管局关于印发《重庆市农村建设用地复垦项目管理规定（试行）》的通知	渝国土房管发[2009]495 号	部门规章	农村建设用地复垦项目管理	地票产生
重庆市国土房管局关于完善地票价款分配的补充意见	渝国土房管发[2010]220 号	部门规章	地票价款使用与监管	地票价款分配
重庆市国土房管局关于进一步规范农村建设用地复垦管理工作的通知	渝国土房管发[2011]55 号	部门规章	农村建设用地复垦项目管理	地票产生
重庆市国土房管局关于印发《重庆市户籍制度改革转户居民农村宅基地处置与利用管理实施暂行办法》的通知	渝国土房管发[2011]61 号	部门规章	农村宅基地处置与利用	地票产生
重庆市国土房管局关于印发《重庆市户籍制度改革转户居民农村宅基地及其附属设施用地处置与利用管理实施办法（试行）》的通知	渝国土房管发[2011]157 号	部门规章	农村宅基地及其附属设施用地的处置与利用	地票产生
重庆市国土房管局关于进一步规范农村宅基地及其附属设施用地复垦管理实行地票价款直拨的通知	渝国土房管发[2011]162 号	部门规章	地票价款直拨	地票价款分配
重庆市国土房管局关于调整地票价款分配及拨付标准的通知	渝国土房管发[2011]170 号	部门规章	地票价款分配及拨付标准	地票价款分配

3.2　地票定义与功能

3.2.1　地票的定义

2015 年 12 月 3 日重庆市人民政府第 111 次常务会议通过的《重庆市地票管理办法》（2016 年 1 月 1 日起施行）中对地票的定义为"在农民、农村集体经济组织及其他土地权利人自愿的前提下，将闲置、废弃的农村建设用地复垦为耕地并保障当地农村发展空间后，通过重庆农村土地交易所公开交易，形成的可用于重庆市域范围内的建设用地指标"。其明确地界定了地票是一种建设用地指标。其主要包括农村宅基地及其附属设施用地，农村公共设施和公益事业用地，乡镇企业用地和村落公用地等农村集体建设用地，经复垦整理、土地管理部门审核验收后产生的农村建设用地指标。用地单位所购得的地票可纳入城市建设用地计划，增加等量城市建设用地指标①。

3.2.2 地票的功能

《重庆农村土地交易所管理暂行办法》规定地票的购买用途是"增加等量城镇建设用地"和"指标落地时，冲抵新增建设用地有偿使用费和耕地开垦费"，结合地票的概念和产生背景，可以看出地票具有以下功能。

1）地票具有新增建设用地指标功能

建设用地指标是基于土地用途管制和规模管控的土地宏观调控制度工具，这一工具将在较长的时期内存在。地票是通过城乡建设用地增减挂钩机制而产生的指标，它具有国家下达的新增建设用地指标完全相同的功能。建设单位通过购买地票，就相当于持有了新增经营性建设用地指标，可以申请政府启动土地征（转）用。

2）地票具有耕地占补平衡指标功能

农村建设用地经过复垦后形成量质对等的耕地。地票不仅代表相应的新增建设用地指标，同时也表示增加了相应的占补平衡指标。凭地票取得了国有建设用地使用权之后，不再缴纳新增建设用地有偿使用费和耕地开垦费（黄立，2012）。地票的这一功能明确了耕地的先补后占，也证明其同时具有保护耕地的功能。

3）地票具有有价凭证功能

地票交易程序完成后，由农村土地交易所将地票证书发给投资主体，作为其支付地票价款的凭据。这样，地票就天然地附载了货币价值，具备了有价证券的属性。

4）地票具有实现土地财产权益功能

地票制度的产生，显化了农村集体建设用地的财产性价值，使其在一个开放的市场中得到承认。地票交易溢价款在农民与农村集体经济组织中的分配比例区分了农村土地所有权人与使用权人的权益。

5）地票具有反哺"三农"功能

对于农民，在地票交易价款溢价部分对农民的补偿直接增加了其收入，同时地票交

---

① 重庆市人民政府. 重庆市地票管理办法[M]. 重庆市人民政府令[2015]295 号令，2015.

易均价为"三权"抵押制定了估值标准，让农户创业有了更好的推手；对于农村，农村集体经济组织也会获得补偿款，同时地票制度使得分散的农村集体建设用地相对集中利用，有助于农村基础设施建设、新农村建设等，提高农村生产生活水平；对于农业，地票制度对农民与农村集体经济组织的补偿能够提高农业生产投入，同时有利于农民进城，土地转包，促进农业产业化经营。地票提供了"以工促农、以城带乡"新途径，具有反哺"三农"的功能。

3.3　地票的运行流程

地票的运行流程可概括如下。第一，复垦。将闲置的农村宅基地及其附属设施用地、乡镇企业用地、农村公共设施和农村公益事业用地等农村集体建设用地进行专业复垦、验收。经土地管理部门严格验收后，腾出的建设用地指标由市土地行政主管部门向土地使用权人发放相应面积的"地票"，通过"先补后占""先造地后用地"的模式，取代传统征地中先占用耕地再补充耕地的"先占后补"模式。第二，交易。在农村土地交易所内进行，所有法人和具有独立民事能力的自然人，均可通过公开竞价购买"地票"。地票交易总量实行计划调控，原则上不超过当年国家下达给重庆新增建设用地计划的10%。第三，使用。"地票"在城镇使用时，可以纳入新增建设用地计划，增加等量城镇建设用地，并在落地时冲抵新增建设用地土地有偿使用费和耕地开垦费，但要符合土地利用总体规划和城乡总体规划，办理征收转用手续，完成对农民的补偿安置。征为国有土地后，通过"招、拍、挂"等法定程序，取得城市土地使用权[①]。地票的整个运行流程如图 3.2 所示。

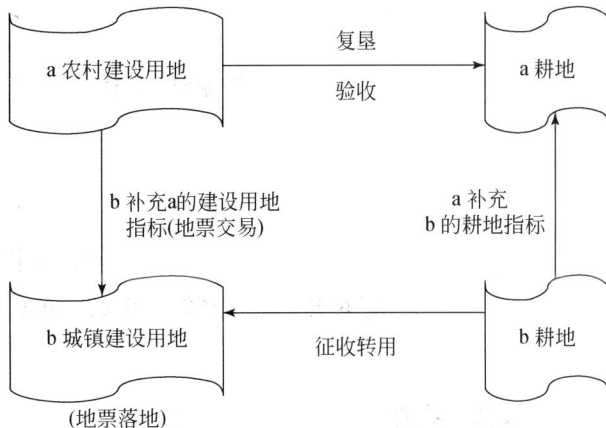

图 3.2　地票运行流程示意图

---

① 重庆市国土资源和房屋管理局. 重庆地票政策实用指南. 重庆市国土资源和房屋管理局，2011.

3.3.1 复 垦

《重庆市地票管理办法》中规定，市国土资源主管部门应当根据城镇化发展需要、经济社会发展水平、建设用地复垦周期等因素，科学编制土地整治规划，测算建设用地复垦规模，引导建设用地有序复垦。区（县、自治县）国土资源主管部门应当根据本行政区域土地权利人复垦意愿，有序组织建设用地复垦，优先支持扶贫搬迁、地质灾害避让搬迁等复垦项目实施，并强调指出建设用地复垦应当以土地利用规划为基础，考虑人口流动指数等因素，合理预留农村发展建设用地。

申请复垦的土地应当具备以下条件：①现状为建设用地，且符合土地利用现状分类；②在土地利用总体规划确定的城镇建设用地扩展边界及能源、交通、水利等工程设施用地范围外，符合土地利用规划，具备主要复垦为耕地的条件；③权属清晰，具有合法权属证明。除上述规定外，申请国有建设用地复垦的，还应当符合国有建设用地复垦的有关规定。其中，又规定存在下列情形的不得复垦用于地票交易：①违法建设用地；②单独的附属设施用地；③2009 年 1 月 1 日后新批准的建设用地，且房屋权属初始（首次）登记时间未满 5 年；④中国传统村落、历史文化名镇名村或者地名文化遗产保护范围内的建设用地；⑤权利依法受到限制的建设用地；⑥自然灾害发生后，地质状况尚未稳定的建设用地；⑦其他不宜复垦的情形。

土地权利人是建设用地复垦的主体，包括农户、农村集体经济组织及拥有土地权属的其他主体。宅基地及其附属设施用地复垦，由农户自愿提出申请。申请宅基地复垦的农户应当有其他合法稳定住所。农户的宅基地复垦后，不得新申请宅基地。确因法定情形需新申请宅基地的，应当以有偿方式取得。

申请复垦农民集体所有的建设用地，土地权利人应当向乡镇人民政府、街道办事处提出；申请复垦国有建设用地，土地权利人应当向土地所在区（县、自治县）国土资源主管部门提出。

乡镇人民政府、街道办事处审查通过复垦申请后，可以向区（县、自治县）国土资源主管部门申报复垦项目。同一乡镇（街道）范围内符合复垦条件的户数达到 50 户及以上的，乡镇人民政府、街道办事处应当向区（县、自治县）国土资源主管部门申报复垦项目。

《重庆市地票管理办法》规定了建设用地复垦后，形成的农用地应当满足农业生产条件，土地质量应当达到以下标准：①有效土层厚度不低于 40cm，砾石及瓦砾含量不超过 15%；②耕地平均台面坡度不超过 15°，园地不超过 25°；③生产道路通达，排灌沟渠畅通，与周边农用地集中连片；④田埂、土石坎结构坚实平整。复垦项目竣工后，区（县、自治县）国土资源主管部门应当根据项目规划设计方案和复垦验收标准，组织本级农业、水利等部门和乡镇人民政府、街道办事处进行验收。验收合格的，区（县、自治县）国土资源主管部门应当组织乡镇人民政府、街道办事处将复垦项目实施前后的相关信息进行公示，公示时间不少于 7 天。公示期内利害关系人有异议的，区（县、自治县）国土资源主管部门应当会同乡镇人民政府、街道办事处在 7 天内组织复核；公示期内无异议或者经复核异议消除的，由区（县、自治县）国土资源主管部门核发建设用地整理合格证。验收不合格的，由区（县、自治县）国土资源主管部门责成建设用地复垦的土地权利人限期整改。

建设用地整理合格证应当记载土地权利人信息、复垦项目新增农用地面积、新增耕地面积及等别、减少的建设用地面积、农村发展留用面积、剩余可使用面积等信息。剩余可使用面积是复垦减少的建设用地面积扣除农村发展留用面积之后的面积，是土地权利人用于申请地票交易的面积。

复垦项目建设用地整理合格证核发后，区（县、自治县）国土资源主管部门应当向市国土资源主管部门申请复核。市国土资源主管部门应当及时组织抽查复核。复核合格的，配发建设用地整理合格证备案号；复核不合格的，出具书面整改意见。

取得建设用地整理合格证备案号后，区（县、自治县）国土资源主管部门应当注销复垦地块相关权属证书，并对土地利用现状进行变更登记。建设用地复垦为耕地等农用地后，其土地权利人不变[①]。

3.3.2　交　　易

地票交易包括初次交易和转让。取得建设用地整理合格证备案号后，根据《重庆市地票管理办法》权利人可以申请初次交易；购得地票超过 2 年，或者因地票质权人行使质权的，权利人可以申请地票转让。初次交易或者转让完成后，市国土资源主管部门向购得人核发地票证书，记载权利内容。

市国土资源主管部门应当制定并公布地票交易最低保护价格。地票交易起始价格不得低于最低保护价格。

重庆农村土地交易所应当通过报刊、网站等媒介向社会公开发布地票交易公告、公告交易面积、交易时间、交易起始价、竞买保证金及交易规则等信息。地票交易公告时间不得少于 7 天。公告期满即可组织地票交易。申请购买人可以单独申请购买地票，也可以联合申请购买地票。申请购买时应当向重庆农村土地交易所缴清保证金。地票交易采取挂牌或者拍卖方式进行。地票交易公告时间截止时，申购总面积大于可交易地票总面积的，采取拍卖方式交易；申购总面积小于或者等于可交易地票总面积的，采取挂牌方式交易。

地票初次交易的，重庆农村土地交易所在地票价款中按规定扣除建设用地复垦成本后的地票净收益按照下列原则支付给权利人：①农村宅基地及其附属设施用地复垦的，

---

① 重庆市人民政府. 重庆市地票管理办法[M]. 重庆市人民政府令[2015]295 号令，2015.

单户交易总面积未超过 667m^2 的部分，地票净收益的 85%归宅基地使用权人，15%归农村集体经济组织；超过 667m^2 部分对应的地票净收益全部归农村集体经济组织。但是，单户复垦交易的宅基地证载面积已超过 667m^2 的，宅基地证载面积部分对应收益的 85%归宅基地使用权人，15%归农村集体经济组织，其附属设施用地对应的地票净收益全部归农村集体经济组织。②农村集体经济组织公共设施、公益事业等建设用地复垦的，地票净收益全部归农村集体经济组织。③其他集体建设用地复垦的，根据土地使用权人和所有权人的约定支付，其中，农村集体经济组织作为所有权人分得的地票净收益不低于15%。④国有建设用地复垦的，地票净收益归土地使用权人。市人民政府另有规定的，从其规定。地票转让交易，所得地票价款全部归转让人。农村集体经济组织取得的地票价款，依照农村集体资产管理的有关规定使用和管理。

3.3.3 使 用

《重庆市地票管理办法》中规定，新增经营性建设用地（含商业、旅游、娱乐、商品住宅等用地）办理农用地转用手续的，应当使用地票。其他新增建设用地可以使用地票办理农用地转用手续。市人民政府可以根据社会经济发展需要，对应当使用地票的用地类型进行调整。在全市城乡建设用地规划规模不增加、耕地保有量目标不减少的前提下，地票可以在土地利用总体规划确定的有条件建设区内使用。具体使用规则由市国土资源主管部门制定。办法实施后尚未供应的经营性建设用地，属于 2009 年 1 月 1 日后使用新增建设用地计划指标办理用地手续的，应当在土地出让时补充使用地票。未补充使用地票的，市、区（县、自治县）国土资源主管部门不得出让土地。

使用地票办理农用地转用手续的，不缴纳耕地开垦费和新增建设用地土地有偿使用费。地票取得成本可以计入土地出让成本。地票取得成本包括地票成交价款、缴纳的税费、财务成本等。建设用地位于城市发展新区、渝东北生态涵养发展区和渝东南生态保护发展区的，实行差异化使用地票政策。市人民政府可以根据社会经济发展需要，对差异化使用地票政策进行调整。地票证书权利人可以一次性使用或者分割使用地票，且地票可以质押。

3.4 地票与其他指标的关系

3.4.1 地票与国家计划指标的关系

1. 建设用地总量控制

《土地管理法》第二十四条规定，各级人民政府应当加强土地利用计划管理，实行建设用地总量控制。所谓建设用地总量控制，是指国家对建设项目乱占农用地、未利用地而实行的从总量上对建设用地规模进行控制的制度（靳相木，2005）。建设用地总量控制主要通过三种手段实施。

1）土地利用总体规划的制定和实施

目前，土地利用总体规划按照效力等级和编制主体行政级别的高低可以依次分为全国土地利用总体规划，省（自治区、直辖市）的土地利用总体规划，市级土地利用总体规划，县级土地利用总体规划和乡（镇）土地利用总体规划5个层次（师武军，2009）。下一级土地总规应当依据上一级土地总规编制。地方各级编制的土地总规中的建设用地总量不得超过上一级土地总规确定的控制指标，耕地保有量不得低于上一级土地总规确定的控制指标（靳相木，2005）。土地规划一般规定了较长时段（如10~15年）内一个地区可以新增的建设用地总量，并在空间上落实到具体地块。具体而言，新增建设用地规模主要取决于所谓的建设占用耕地"规划指标"，因为从用地实践看，大多数地区新增建设用地占用的主要地类是耕地。原则上讲，一个地区在规划期内实际新增建设占用耕地数量不仅不能超过"规划指标"总量，而且也必须符合土地规划的空间布局。

2）土地利用年度计划

在符合土地规划的前提下，土地利用年度计划是指国家对计划年度内新增建设用地量、土地开发整理补充耕地量和耕地保有量的具体安排。土地利用年度计划指标包括新增建设用地计划指标（包括新增建设用地总量和新增建设占用农用地及耕地指标）、土地开发整理计划指标（包括土地开发补充耕地指标和土地整理复垦补充耕地指标）、耕地保有量计划指标。国土资源部上报国务院确定每年度全国土地利用年度计划指标，再层层下达、分解给省（自治区、直辖市）和县级国土资源部门。土地利用年度计划一经批准下达，必须严格执行。新增建设用地计划指标实行指令性管理，不得突破[①]。简言之，从土地规划和土地计划的角度来说，必须同时拥有"规划指标"和"计划指标"，农用地，尤其是耕地，才可以合法转换为建设用地。

一个规划期内的"规划指标"总量通常是在统一部署修编土地规划时自上而下层层分解下达，而"计划指标"则是逐年下达。在1997年左右，主要出于对全国耕地数量持续、较快减少的忧虑，中央对当时土地规划编制定下的基调是"保护耕地、严格控制非农建设用地""以供给引导和制约需求"。显然，这种基于指标约束型的土地规划和越来越严格的年度土地计划目标，就是既要从空间和总量上，也要从用地时序上对各地新增建设用地进行严格控制。

---

① 国土资源部. 土地利用年度计划管理办法[M]. 国土资[2006]37号令，2006.

3）补充耕地量

除了"规划指标"和"计划指标"之外，在我国，农用地转用还受到"基本农田保护率"和"补充耕地量"两个政策体系的约束。首先，"规划指标"必须落实在基本农田保护区域范围之外，因此，各地的基本农田保护任务在某种程度上决定了新增建设占用耕地的上限，从而也就大致决定了新增建设用地总量的上限。和"规划指标"一样，基本农田保护任务也是自中央逐级下达的。《土地管理法》第三十四条规定，各省（自治区、直辖市）划定的基本农田应当占本行政区域内耕地的80%以上（汪晖和陶然，2009）。除此之外，为了实现耕地"占补平衡"，中央还将规划期内补充耕地总量下达到各省份。因此，如果某个地区补充耕地的潜力不足，建设占用耕地就必然会从规模上受到限制。我国《土地管理法》第三十三条规定，省（自治区、直辖市）人民政府应当严格执行土地利用总体规划和土地利用年度计划，采取措施，确保本行政区域内的耕地总量不减少；耕地总量减少的，由国务院责令在规定期限内组织开垦与所减少耕地的数量与质量相当的耕地，并由国务院土地行政主管部门会同农业行政主管部门验收（靳相木，2005）。根据该条规定，我国通过行政、经济、法律等综合措施，保证我国的耕地总面积在一定时期内保持稳定。值得注意的是，这种动态的耕地总量平衡是以省为单位的，一般情况下，不允许跨省之间的异地开垦。

综上，建设占用耕地量（"规划指标"）、基本农田保护任务、补充耕地量是土地规划的核心指标。这 3 个指标一旦确定，一个地区未来新增建设用地总量和空间布局就确定下来，而每个年度能够新增的建设用地量则由年度土地计划来决定（汪晖和陶然，2009）。

2. 各级土地利用规划的编制与实施程序

根据 2009 年 1 月 5 日国土资源部第 1 次部务会议审议通过的《土地利用总体规划编制审查办法》，我国土地利用总体规划的编制主体是各级人民政府，国土资源行政主管部门具体承办。土地利用总体规划是实行最严格土地管理制度的纲领性文件，是落实土地宏观调控和土地用途管制，规划城乡建设和统筹各项土地利用活动的重要依据。编制和审查土地利用总体规划，应当贯彻落实科学发展观，坚持节约资源和保护环境的基本国策，坚持最严格的耕地保护制度和最严格的节约用地制度，紧密结合国民经济和社会发展要求，不断提高土地资源对经济社会全面协调可持续发展的保障能力。

规划编制的具体程序包括以下内容：土地利用总体规划分为国家、省、市、县和乡（镇）五级。根据需要可编制跨行政区域的土地利用总体规划。村庄土地利用总体规划是乡（镇）土地利用总体规划的重要内容。各地应当在编制乡（镇）土地利用总体规划时对村庄土地利用的总体布局作出科学规划和统筹安排[①]。

土地利用总体规划编制前，国土资源行政主管部门应当对现行规划的实施情况进行评估，开展基础调查、重大问题研究等前期工作。国土资源行政主管部门应当在前期工作基础上，以真实、准确、合法的土地调查基础数据为依据，组织编制土地利用总体规划大纲，包括规划背景、指导思想和原则、土地利用战略定位和目标、土地利用规模、结构与布局总体安排、规划实施措施等内容。国土资源行政主管部门依据经审查通过的土地利用总体规划大纲，编制土地利用总体规划。乡（镇）土地利用总体规划可以与所在地的县级土地利用总体规划同步编制。在土地利用总体规划编制过程中，对涉及资源保护与可持续发展、区域和城乡协调、土地节约集约利用、土地利用结构布局优化、土地生态环境保护与建设等重大问题的，国土资源行政主管部门应当组织相关方面的专家进行专题研究和论证。在土地利用总体规划编制过程中，国土资源行政主管部门应当建立部门协调机制，征求各有关部门的意见。

规划编制的审批程序主要有：土地利用总体规划审查报批，分为土地利用总体规划大纲审查和土地利用总体规划审查报批两个阶段。土地利用总体规划大纲经本级人民政府审查同意后，逐级上报审批机关同级的国土资源行政主管部门审查。国土资源行政主管部门应当对土地利用总体规划大纲的指导思想、战略定位、基础数据、规划目标、土地利用结构与空间布局调整等内容进行审查。土地利用总体规划大纲未通过审查的，有关国土资源行政主管部门应当根据审查意见修改土地利用总体规划大纲，重新申报审查。土地利用总体规划大纲通过审查后，有关国土资源行政主管部门应当依据审查通过的土地利用总体规划大纲编制土地利用总体规划。土地利用总体规划按照下级规划服从上级规划的原则，自上而下审查报批。土地利用总体规划审查报批应当提交下列材料：规划文本及说明、规划图件、专题研究报告、规划成果数据库、其他材料（包括征求意见及论证情况、土地利用总体规划大纲审查意见及修改落实情况、公众听证材料）等。国土资源行政主管部门依据下列规定对土地利用总体规划进行审查：现行法律、法规和相关规范；国家有关土地利用和管理的各项方针、政策；上级土地利用总体规划；土地利用相关规划；其他可以依据的基础调查资料等。土地利用总体规划审查重点内容包括：现行规划实施评价；规划编制原则与指导思想；战略定位与规划目标；土地利用结构、规模、布局和时序；土地利用主要指标分解情况；规划衔接协调论证情况和公众参与情况；规划实施保障措施。最后国土资源行政主管部门应当根据审查情况和相关部门意见，提出明确的审查结论，提请有批准权的人民政府审批[①]。

重庆作为直辖市，其行政体系不同于其他省份，其土地利用总体规划只有市、

---

① 国土资源部. 土地利用总体规划编制审查办法. 国土资发[2009]43 号文，2009.

区（县）、乡三级，下面分别对三级规划的具体编制内容要求及实施程序进行总结分析。

（1）省（直辖市）土地利用规划编制与实施程序主要包括：国家级土地利用任务的落实情况；重大土地利用问题的解决方案；各区域土地利用的主要方向；对市（地）级土地利用的调控；土地利用重大专项安排；规划实施的机制创新。

（2）县级土地利用总体规划，应当重点突出下列内容：市级土地利用任务的落实；土地利用规模、结构和布局的具体安排；土地用途管制分区及其管制规则；城镇村用地扩展边界的划定；土地整理复垦开发重点区域的确定。这里需要特别指出的是，县级土地利用总体规划编制规程（TDT 1024—2010），要求编写的"耕地补充""有条件建设区""土地整治"这几部分内容与地票运行联系较为密切。

（3）乡（镇）土地利用总体规划，应当重点突出下列内容：基本农田地块的落实；县级规划中土地用途分区、布局与边界的落实；各地块土地用途的确定；镇和农村居民点用地扩展边界的划定；土地整理复垦开发项目的安排。

3. 地票运行各环节与各级规划编制和实施的关系

1）地票运行各级规划编制与实施作用环节

地票运行各级规划[重庆市土地利用总体规划、区（县）土地利用总体规划、乡镇土地利用总体规划]编制与地票运行环节（建设用地复垦、地票交易、地票使用）的关系，具体见表3.2。

表3.2 地票运行与各级土地利用规划的作用环节

各级规划	地票运行环节		
	建设用地复垦	地票交易	地票使用
市土地利用总体规划	节约集约用地评价与政策； 土地整治； 建设用地规模与结构调整； 土地利用现状、特点与主要问题； 农用地规模与结构调整	未涉及	建设用地规模与结构调整； 区域土地利用调控
区（县）土地利用总体规划	土地利用结构和布局调整； 土地用途区划定，制定土地用途区管制规则； 建设用地空间管制； 土地整治安排； 近期规划安排； 规划实施措施制定	未涉及	建设用地空间管制； 近期规划安排； 规划实施措施制定

续表

各级规划	地票运行环节		
	建设用地复垦	地票交易	地票使用
乡镇土地利用总体规划	划定土地用途区，明确土地用途管制细则； 安排土地整治项目； 村土地利用控制； 安排近期用地； 制定规划实施的保障措施	未涉及	安排各类建设用地； 划定土地用途区，明确土地用途管制细则； 安排近期用地； 制定规划实施的保障措施

资料来源：作者自制。

2）区（县）土地总体规划与地票运行的相关内容与编制规定

严格执行建设用地占用耕地补偿制度。按照建设用地占用耕地占补平衡的要求，严格落实上级规划下达的补充耕地义务。有条件的地区，在完成补充耕地义务基础上，可增加补充耕地任务；加大土地整治补充耕地力度。加强农村土地整理、工矿废弃地复垦，适度开发宜耕后备土地，在改善生态环境的同时，增加有效耕地面积，提高耕地质量[①]。

有条件建设区：①区内土地符合规定的，可依程序办理建设用地审批手续，同时相应核减允许建设区用地规模；②土地利用总体规划确定的农村土地整治规模已完成，经评估确认拆旧建设用地复垦到位，存量建设用地达到集约用地要求的，区内土地可安排新增城乡建设用地增减挂钩项目；③规划期内建设用地扩展边界原则上不得调整。如需调整，按规划修改处理，严格论证，报规划审批机关批准。

近期规划安排：根据经济社会发展规划，综合考虑国家发展政策、城乡建设部署和土地供求状况，拟定各阶段的规划目标和主要任务，重点对近期土地利用做出安排，明确近期耕地保护、节约集约用地、土地整治和重点建设项目用地等，提出近期土地利用调控指标和布局安排。

规划实施措施制定：围绕规划目标和方案，制定行政、经济、技术和社会等规划实施措施，确保规划有效实施。规划措施的制定应符合国家法律法规和政策要求，同时要从区（县）实际出发，具有针对性和可操作性。规划措施要重点针对保护耕地、控制建设用地、推进土地整治等方面，提出领导责任、组织制度、财政保障和监督管理等具体要求。

土地整治安排：县级规划编制中，要根据统筹城乡发展和推进新农村建设的总体

---

① 国土资源部. 县级土地利用总体规划编制规程[EB/OL].http://ishare.iask.sina.com.cn/f/11154334.html，2010.

要求，统筹安排、整体推进土地综合整治。土地整治安排要与经济社会发展规划、城乡建设规划、产业发展规划、基础设施建设规划、生态建设和环境保护规划、基本农田保护规划等相协调，提高规划的针对性和可操作性。土地整治安排要深入调查分析各类土地整治潜力，综合考虑经济社会发展状况、改善生产生活的愿望和能力及资金保障水平，明确土地整治的类型、规模和布局，确定土地整治重点区域和重点项目。农村土地整治安排，要注重保持农村风貌和当地特色，保留传统农耕文化和民俗文化中的积极元素，保护农村人文景观和生态环境。农村土地整治安排要充分尊重农民意愿，切实维护农民权益。在整治方式、旧房拆迁、新居建设等方面要为农民提供多种选择。开展城乡建设用地增减挂钩工作的地方，要制定城乡建设用地增减挂钩方案，明确农村建设用地整治和城镇建设用地增加的规模、范围和复耕面积，确定拆旧区和建新区，共同组成增减挂钩项目区。增减挂钩要确保城乡建设用地总量不增加，耕地和基本农田不减少、质量有提高。有条件的地方，要将土地整治与城乡建设用地增减挂钩相结合，整合涉农的相关项目和资金。整治的土地首先复垦为耕地，其次用于农村基础设施和公共服务设施建设，预留农村发展用地；节余的土地用于城乡建设用地增减挂钩。

3）乡（镇）土地总体规划与地票运行的相关内容与编制规定

土地用途区划定的步骤与方法：乡级规划编制中，应依据规划目标和土地用途分区要求，在与土地利用结构和布局调整方案相衔接的基础上，拟定土地用途分区划定草案。将土地用途分区草案征求相关部门和村民意见，并与相关规划相协调。在协调一致的基础上，划定土地用途区，落实分区界线[①]。

土地整治安排：乡级规划编制中，要根据城乡统筹发展和新农村建设的要求，与经济社会发展、城乡建设、产业发展、农村文化教育、卫生防疫、农田水利建设、生态建设等规划有机结合，综合考虑土地整治潜力、经济社会发展状况、农民意愿及资金保障水平等因素，制定土地整治方案，确定农村土地整治的类型、规模和范围，安排土地整治项目。

农村土地整治项目安排：乡级规划编制中，应结合乡（镇）实际，以村为单位，将农用地整理与建设用地整理、宜农后备土地资源开发等相结合，整合涉农的相关项目，组成农村土地整治项目（区），整体推进田、水、路、林、村综合整治。农用地整理，应结合基本农田建设、中低产田改造、农田水利建设、坡改梯水土保持工程建设等进行，确保规划确定的耕地保有量和基本农田保护面积不减少，质量有提高。建设用地整理，应结合农房建设、农村道路改造、公共设施建设和环境治理，集中对散乱、废弃、闲置

---

① 国土资源部. 乡（镇）土地利用总体规划编制规程[EB/OL].http://max.book118.com/html/2015/0905/24736601.shtm，2002.

的宅基地和其他集体建设用地进行整治，使农民居住向中心村镇集中，产业向园区集中，切实提高土地利用效率，改善农村生产生活环境，促进农村经济社会发展。整治所节约的土地，首先要复垦为耕地，其次用于农村基础设施和公共服务设施建设，预留农村发展用地；节余的土地，用于城乡建设用地增减挂钩。后备土地资源开发，应在不破坏生态环境的前提下，结合流域水土治理、农村生态建设与环境保护、海涂及岸线资源保护等，因地制宜地确定荒地、盐碱地、沙地等开发的用途和措施，合理安排围填海造地的规模及范围，尽可能增加符合一定质量要求的耕地。

城乡建设用地增减挂钩项目安排：应根据农村建设用地整治潜力和城镇建设用地需求，确定拆旧区和建新区，布局上应优先考虑城乡结合部，项目区内建新和拆旧地块要相对接近，并避让基本农田，并确保项目区实施后增加耕地有效面积、提高耕地质量，建设用地总量不增加、集约利用水平明显提高。农村土地整治项目安排要注重保持农村风貌和当地特色，保留传统农耕文化和民俗文化中的积极元素，保护农村人文景观和生态环境。农村土地整治项目安排要切实维护农民权益，广泛征求、充分听取村民组织和农民的意见，不得安排村民组织和农民不同意的农村土地整治项目。

划定村镇建设控制区：乡级规划编制中，应结合农村土地整治项目和增减挂钩项目安排，确定需控制的农村居民点用地范围。需逐步拆并、但拆并时间难以确定的村庄与集镇建设地，应划入村镇建设控制区。村镇建设控制区划定，应在充分听取村民意见的基础上确定。规划期间，村镇建设控制区内各类建设用地可依实际逐步拆并，向村镇建设用地地区集中；确实不能拆并的，应保留现状用地规模与范围，不得扩大。

近期用地安排：乡级规划编制中，应根据经济社会发展规划，综合考虑城乡建设部署和土地供求状况，对近期土地利用作出安排，重点确定近期耕地保护、建设用地控制、土地整治等任务和措施。

4．地票与城乡建设用地增减挂钩周转模式的关系

地票是城乡建设用地增减挂钩的一种特殊模式。重庆城乡建设用地增减挂钩分为两种模式，一种是以指标交易为特色的地票交易模式；另一种是以周转指标的使用为主要特色的指标周转模式。

1）指标周转模式定义及运作流程

指标周转模式是指区（县）政府将符合条件的农村建设用地和城市周边的农用地共同组建为"挂钩"项目区，项目区由建新区（安置区和留用区）和拆旧区组成，区（县）政府通过周转指标的使用和归还，在保障农民利益不受损的前提下，推进建新区和拆旧区的土地置换。

指标周转模式的具体运作流程可以总结为3个阶段：第一阶段是周转指标的获取，第二阶段是周转指标的使用与农民安置，第三阶段是周转指标的归还。

第一阶段，各区（县）国土部门首先以本地区的农村建设用地复垦潜力和城市建设用地需求为基础，结合本区域土地利用总体规划，编制"挂钩"专项规划和实施计划，并确定项目区（拆旧区、建新区和安置区）的规模和布局及农民的补偿和安置标准。之后，重庆市国土部门根据全市总体情况向国土资源部申请"挂钩"周转指标，申请获得批准后，由国土资源部下发"挂钩"周转指标。

第二阶段，在获得周转指标后，区（县）国土部门首先需要筹措资金对拆旧区农民进行补偿安置，并将周转指标优先用于农民安置房和基础设施配套建设，节余的建设用地指标用于建新区工业发展和城市建设。

第三阶段，区（县）国土部门需要在三年内完成对拆旧区农村建设用地的复垦工作以归还先期使用的周转指标（顾汉龙等，2014）。

2）地票与周转指标模式的比较

对比指标周转模式和地票交易模式的运作流程，可以发现两种模式均是围绕着"挂钩"指标的产生、使用和农民的安置补偿3个环节进行具体设计的。指标周转模式中，区（县）国土部门通过统筹使用周转指标，实现了建新区和拆旧区土地的置换，而在地票交易模式中，地票则替代周转指标作为实现城乡建设用地置换的纽带，通过地票指标产生、交易并落地，推动了城乡土地要素的流动。虽然两种模式的实施流程均是围绕着相同的3个环节展开的，但在这3个环节具体运作形式的设计上，两种模式还是存在很大差异的。首先，在"挂钩"指标产生环节上，指标周转模式是一种"政府主导，自上而下"的运作形式，而地票交易模式则是一种"市场主导，自下而上"的运作形式。在指标周转模式中，"挂钩"指标的获取是由基层国土部门发起并申报，国土资源部审批，并逐级分解产生的，项目区的规模和布局均由政府决定。而在地票交易模式中，地票是否产生，产生的规模均是由农村土地权利人根据自身的需求决定的，基层国土部门在地票产生环节仅作为农村土地权利人的代理人对农村建设用地进行复垦。其次，在"挂钩"指标使用环节的设计上，指标周转模式是一种"先用后补，封闭流动"的运作形式，而地票交易模式则采用"先补后用，跨区流动"的运作形式。在指标周转模式中，为便于政府对农民进行安置，周转指标优先用于安置区的建设，剩余指标则可用于项目区内建新区的建设使用，区（县）国土部门则需要在三年内完成对拆旧区的复垦以归还预先使用的周转指标。在地票交易模式中，获得地票指标的先决条件是完成复垦并且验收通过，也就是说，在地票交易前，拆旧区的复垦工作已经完成。另外，地票在交易完成后，购得地票的权利人可以在全市符合规划的区域选择落地，并不仅限于某个区（县）。最后，在农民安置和补偿环节，指标周转模式采用的是"统一补偿，集中安置"的运作形式，而地票交易模式则采用的是"市场化补偿，自行安置"的运作形式。在指标周转模式中，目前重庆市对拆旧区农民实行统一标准安置，或进行货币补偿，或选择置换等价安置区新居。

在地票交易模式中，由于复垦的农村建设用地是权利人闲置的土地，所以政府不需要对其进行安置。至于地票交易模式中给予农民的补偿，则是全部的地票价款在扣除复垦成本、政府融资成本和管理成本后的剩余价款（顾汉龙等，2014）。

指标周转模式和地票运行模式差异见表 3.3。

表 3.3　周转模式和地票交易模式的运作形式

指标周转模式				地票运行模式			
主要环节	实施流程	参与主体	实施特征	主要环节	实施流程	参与主体	实施特征
指标产生	专项规划编制	区（县）国土部门	政府主导，自上而下	指标产生	农民申请	农民	市场主导自下而上
	指标申请	区（县）国土部门			条件审核	区（县）国土部门	
	指标审批	国土资源部			旧区复垦	区（县）国土部门	
指标使用	安置建设	区（县）国土部门	先用后补封闭流动	指标使用	地票入所	农村土地交易所	先补后用跨区流动
	新区建设	区（县）国土部门			地理交易	农村土地交易所，地票购买主体	
	拆旧区复垦	区（县）国土部门			地票落地	农村土地交易所，区（县）国土部门	
农民安置补偿	政府统一安置补偿失地农民	区（县）国土部门	统一补偿集中安置	农民安置补偿	地票价款的货币补偿	农民及购的地票主体	市场化补偿自行安置

资料来源：顾汉龙等，2014。

3.4.2　建设用地指标结构组成特征

根据重庆市 2011～2014 年新增建设用地审批数据，按照新增建设用地所属类型，统计分析 4 年间重庆市新增建设用地的指标组成结构，具体见图 3.3。

从图 3.3 来看，4 年间新增建设用地的指标比例结构组成基本稳定，地票指标占比在 11%～14%；增减挂钩（周转）指标比例在 2%～8%；土地年度供给计划指标比例最大，占 78%～87%。从变化趋势来看，土地年度供给计划指标比例呈现显著上升趋势，从 2011 年的 78%上升到 2014 年的 85%；增减挂钩（指标）从 2011 年的 8%下降到 2014 的 3%；地票指标的占比呈现波动减小的趋势，从 2011 年的 14%下降到了 2014 年的 12%。

重庆市新增建设用地指标中地票指标比例较低，且占比呈现波动下降趋势，提高地票指标比重是今后重庆市新增建设用地审批的一个重要环节。

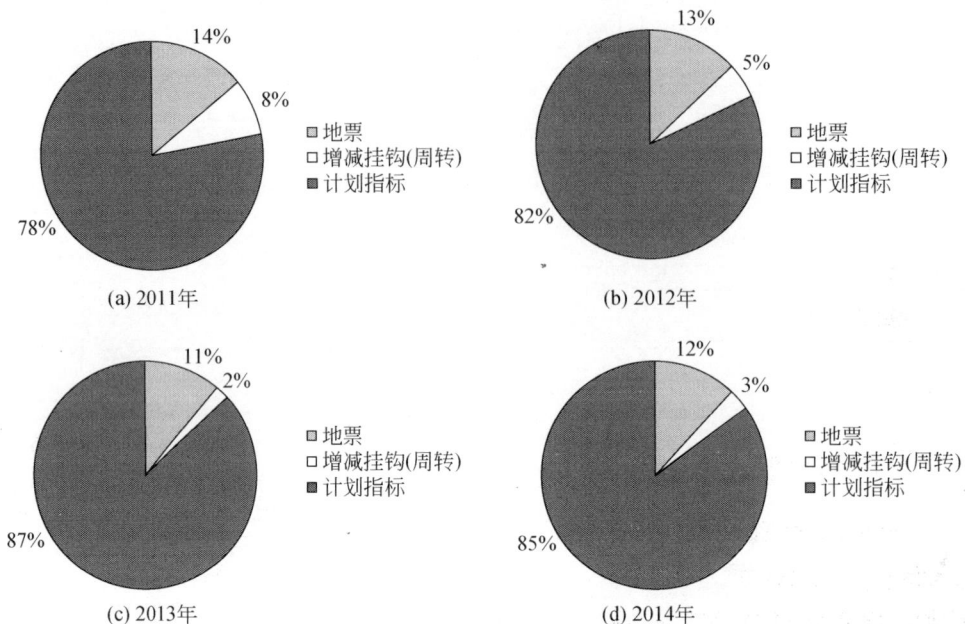

图 3.3 重庆市新增建设用地指标组成结构

地票规模与建设用地指标之间的比例关系为地票占比太高，会影响其价值；地票占比太低，节约用地和反哺农村、农民的实际效果又不明显。可以进步一减少周转指标，增加地票指标，同时出台措施提高地票的落地率，来提高地票指标比重和使用率。

从各类指标的项目类型来看，国家建设用地计划指标应主要满足基础性、民生性用地需求；新增经营性建设用地（含商业、旅游、娱乐、商品住宅等用地）办理农用地转用手续的，应当使用地票指标。可以探索地票在土地利用总体规划确定的有条件建设区内使用方式[1]。

3.5 地票的运行情况

1. 地票主要来源于生态发展区和城市发展新区

截至 2014 年 6 月，重庆共计产生地票 13.74 万亩，涉及 30 个区县。按重庆市五大

---

[1] 重庆市人民政府. 重庆市地票管理办法[M]. 重庆市人民政府令[2015]295 号令，2015.

功能区划分[①]，地票主要来源于渝东北生态涵养发展区和渝东南生态保护发展区，分别产生了 6.63 万亩和 3.20 万亩地票，全市占比分别为 48.3% 和 23.3%，城市发展新区也产生了 3.71 万亩地票，占比达 27%（详见表 3.4）。

表 3.4　地票来源情况分布表

区域	涉及区县个数	数量/亩	占比/%
都市功能核心区和都市功能拓展区	4	2 052.7	1.4
城市发展新区	10	37 057.7	27
渝东北生态涵养发展区	10	66 321.2	48.3
渝东南生态保护发展区	6	31 951.9	23.3
合计	30	137 383.5	100

2. 地票交易价格呈先上升后稳定趋势

自 2008 年首宗地票交易以来，截至 2015 年 8 月 15 日，重庆市共交易地票 41 场，成交面积为 163 281 亩，具体交易情况见表 3.5。地票交易面积从 2008 年到 2011 年一直在增加，但从 2011 年后交易面积逐年下降（图 3.4）。

表 3.5　重庆市地票交易统计表

举办日期			交易数量/张	交易面积/亩	成交金额/万元	成交均价/（万元/亩）	年度均价/（万元/亩）
年份	场次	日期					
2008 年	1	08/12/4	2	1 100	8 980	8.1636	8.16
2009 年	1	09/3/17	5	1 300	10 450	8.0385	9.67
	2	09/5/11	4	1 100	8 985	8.1682	
	3	09/6/23	11	1 100	10 280	9.3455	
	4	09/8/21	12	1 200	11 230	9.3583	
	5	09/10/30	10	2 500	23 890	9.5560	
	6	09/12/4	4	4 000	38 800	9.7000	
	7	09/12/27	6	1 200	16 300	13.5833	

[①] 2013 年 9 月 13 日至 14 日，中共重庆市委四届三次全会召开。会议部署重庆市功能区域划分和行政体制改革工作，综合考虑人口、资源、环境、经济、社会、文化等因素，重庆将划分为都市功能核心区、都市功能拓展区、城市发展新区、渝东北生态涵养发展区、渝东南生态保护发展区 5 个功能区域。

续表

举办日期			交易数量/张	交易面积/亩	成交金额/万元	成交均价/（万元/亩）	年度均价/（万元/亩）
年份	场次	日期					
2010年	1	10/2/5	9	1 800	20 290	11.2722	14.99
	2	10/3/29	12	1 200	16 250	13.5417	
	3	10/4/30	10	1 500	21 060	14.0400	
	4	10/5/31	7	2 000	27 070	13.5350	
	5	10/6/30	9	1 720	24 310	14.1337	
	6	10/7/23	1	2 000	26 600	13.3000	
	7	10/8/6	12	1 000	16 958	16.9580	
	8	10/8/30	7	1 000	16 200	16.2000	
	9	10/9/13	4	4 000	63 000	15.7500	
	10	10/10/29	5	5 000	72 500	14.5000	
	11	10/12/3	10	1 000	28 770	28.7700	
2011年	1	11/1/7	12	2 500	68 077	27.2308	24.42
	2	11/3/2	16	10 000	175 400	17.5400	
	3	11/3/31	18	7 800	160 950	20.6346	
	4	11/5/4	8	6 600	166 600	25.2424	
	5	11/8/10	14	14 000	447 100	31.9357	
	6	11/12/9	12	12 000	273 700	22.8083	
2012年	1	12/10/26	12	10 833	229 100	21.1493	20.88
	2	12/12/12	14	6 497	139 200	21.4255	
	3	12/12/27	14	5 010	98 156	19.5920	
2013年	1	13/6/28	17	3 649	77 020	21.1063	22.07
	2	13/9/23	15	3 751	77 709	20.7185	
	3	13/11/20	12	3 280	77 740	23.7000	
	4	13/12/20	13	6 737	157 800	23.4223	
	5	13/12/30	9	3 082	62 100	20.1477	

续表

举办日期			交易数量/张	交易面积/亩	成交金额/万元	成交均价/（万元/亩）	年度均价/（万元/亩）
年份	场次	日期					
2014 年	1	14/2/27	10	3 373	67 800	20.0982	19.13
	2	14/4/22	9	2 551	50 850	19.9316	
	3	14/9/9	21	2 316	44 194	19.0813	
	4	14/11/27	89	12 234	228 817	18.7032	
2015 年	1	15/1/30	12	1 934	36 179	18.7034	18.70
	2	15/4/22	25	2 371	44 351	18.7050	
	3	15/6/10	14	2 932	54 844	18.7045	
	4	15/8/15	40	4 110	76 868	18.7044	
合计			546	163 280	3 276 478	20.07	—

数据来源：重庆市农村土地交易所。

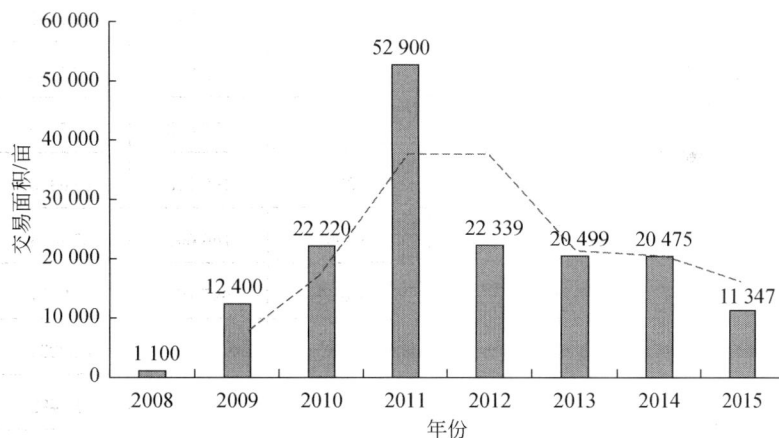

图 3.4　重庆市历年地票交易面积

3. 地票价款拨付标准逐步提高

地票价款拨付主要经历了以下 4 个阶段。

第一阶段（2010 年 9 月 5 日前）：拨付标准为 12.91 万元/亩，其中，农户所得为 9.38 万元，集体所得为 1.63 万元，复垦成本为 1.9 万元。

第二阶段（2010 年 9 月 6 日～2011 年 7 月 31 日）：拨付标准为 16.4 万元/亩，其中，农户所得为 11.98 万元，集体所得为 2.12 万元，复垦成本为 2.3 万元。

第三阶段（2011 年 8 月 1 日～2011 年 12 月 31 日）：拨付标准为 20.6 万元/亩，其中，农户所得为 14.38 万元，集体所得为 2.52 万元，复垦成本为 3.7 万元。

第四阶段（2012 年至今）：按场均价结算价款，目前农户所得最高为 17 万元/亩，集体所得最高为 3 万元/亩；农户所得最低为 13.5 万元/亩，集体所得最低为 2.4 万元/亩。目前复垦成本为 3.7 万元/亩，包括复垦工程成本 1.5 万元/亩、融资成本 1.1 万元/亩、管理成本 1.1 万元/亩（其中，市整治中心 0.1 万元/亩，区县 1 万元/亩）。

由此可见，地票拨付标准由 12.91 万元/亩提高到最高 20 万元/亩，复垦成本也相应地由 1.9 万元/亩提高到目前的 3.7 万元/亩。

4．地票使用以落地为主，落地区域主要在都市功能核心区和都市功能拓展区

目前，地票使用以落地为主，落地面积达 8.6 万亩，另有 5609 亩地票用于质押，质押金额为 8.02 万元/亩。地票落地中，都市功能核心区和都市功能拓展区的 8 个区，落地面积达 5.71 万亩，占比高达 66.45%（详见表 3.6）。

表 3.6　地票落地使用情况表

区域	涉及区县个数	数量/亩	占比/%
都市功能核心区和都市功能拓展区	8	57 142.54	66.45
城市发展新区	7	26 608.99	30.95
渝东北生态涵养发展区	3	2 048.80	2.38
渝东南生态保护发展区	10	188.04	0.22

5．复垦后耕地利用状况较好

经对 21 个区县、61 310 亩样本抽样调查，复垦后用于粮食作物种植的有 50 405 亩，占 82%，用于经济作物种植的有 10 905 亩，占 12%。各区县还建立了相应的农村建设用地复垦后期管护利用制度。项目完工后，区县国土部门将项目后期管护利用工作及时移交同级农业部门和项目区乡镇政府，并根据后期管护利用方案与镇政府签订协议，加强管护监管措施，保护工程设施，确保耕地充分利用，防止撂荒。

3.6　本章小结

本章在我国工业化、城镇化快速发展的大背景之下，结合我国城乡建设用地增减挂钩政策，阐述了地票制度的起源、逐步建立的过程及运行情况，在全书中起到了承前启后的作用。

首先，随着重庆市经济社会的快速发展，城镇建设用地与农村集体建设用地之间的矛盾日益严峻，2006 年国土资源部启动城乡建设用地增减挂钩改革试点，以达到缓解两者之间矛盾、保护耕地的目标。重庆市也在 2008 年被纳入到这一试点中，以城乡一体化发展所带来的"两难"矛盾和"双保"压力为出发点，旨在通过建立农村土地交易所，实行地票制度来盘活农村集体建设地，提高农民的财产性收入，缩小城乡发展之间的差距，建立以城带乡、以工促农的长效机制，实现公共资源在城乡之间均衡配置，市场要素在城乡之间自由流动。

其次，地票制度主要经历了"设想、建立和实施" 3 个阶段，目前正朝着"制度改革"这一方向不断完善；本章通过对地票定义和功能进行诠释，并结合地票运行的流程，充分了解地票的实质，分析当前地票制度与我国现行的其他建设用地指标之间的关系，尤其是与我国城乡建设用地增减挂钩周转模式有着极其密切的关系。

最后，本章通过对 2008～2015 年地票的来源、交易价格、购买主体、落地区和土地复垦情况进行统计分析，梳理了近些年来地票的运行状况。总的来说，地票主要来源于生态发展区和城市发展新区；地票的交易价格总体上来说呈现出先上升后下降的趋势；地票落地区域主要在都市功能核心区和都市功能拓展区；耕地复垦后的利用状况良好。

第4章 行为主体维度下的重庆地票运行机理研究

地票交易作为市场化机制下的经济行为,各行为主体都希望谋求自己利益的最大化。在此博弈过程中,虽然各行为主体扮演着不同的角色,但彼此间存在着利益关系。各行为主体都会在综合考虑自己以及其他行为主体的决策行为所带来的影响后选择出自己的最优策略。行为主体维度下的重庆地票运行机理研究主要包括对各行为主体的角色分析、各行为主体间的利益关系分析以及应用博弈模型对相互关联的行为主体选择不同博弈策略后所产生的影响进行分析,找出博弈策略中存在的风险点,并给出利益均衡对策以达到满意的纳什均衡。

4.1 各行为主体的角色分析

从目前地票运行的利益关系看,主要牵涉的行为主体有复垦农民(地票产生阶段)、地方政府、中央政府、开发商(地票交易阶段)和被征地农民(地票落地阶段),各行为主体的决策贯穿于地票产生、地票交易和地票使用三大过程。从整体看,地方政府和中央政府是地票运行的政策设计者和管理者,为地票运行提供了政策保障和交易平台;从个体看,复垦农民、开发商以及被征地农民是重要的基础实践者,积极参与到地票运行的不同环节中去,为地票正常运行提供了有力的保障。

1. 复垦农民

复垦农民参与地票运行主要是在地票产生阶段,即自愿把闲置、废弃的宅基地及其附属设施用地复垦为耕地。复垦农民作为地票的供给主体,积极响应政府提出的地票运行政策,在城市发展需要通过占用耕地弥补城市建设用地指标不足的背景下,腾出的建设用地指标可以有效避免耕地占补平衡的风险,使粮食安全得到有效保障。农村集体建设用地复垦后,农民并不会失去耕地的使用权,可以继续耕种农作物,且还可以获得一定的经济补偿。如果不愿承包经营耕地的,可以申请流转,获得相应收益。从中不难看出,农民经过农村建设用地复垦后不仅获得了一定的经济补偿,使自己的居住环境得以改善,而且还有效地保护了耕地,保障了农业发展。农村建设用地复垦后,农民获得的补偿主要是扣除复垦成本后地票价款的85%,但是不同条件的农民有着自己的利益补偿标准,如家里人多的农户希望可以获得更多的补偿,退出复垦耕地承包经营权的农户希望可以获得更可观的土地流转收益，农业经营户则希望宅基地复垦后可以扩大原来的耕作规模或者通过土地流转获得更多的耕地以实现更大的利润等。因此，农民既是支持地票运行的基础主体，也是具有捍卫自身利益的理性参与者，利益补偿标准是否符合复垦农民的心理预期直接影响着复垦工作的开展。

2. 中央政府

中央政府提出的城乡建设用地增减挂钩是在城镇发展的同时又保障粮食安全的必要选择。与地方政府基于本地区实际情况提出地方实践并作为地区政策总监制相比，中央政府则是我国城乡建设用地增减挂钩的总指挥，指导着各地的城乡建设用地增减挂钩试点实践。城乡建设用地增减挂钩作为一种创新政策，在地方实施后可能会出现一定风险，此时中央政府起着监督管理与政策把握的作用，以保证该政策运行规范化和合理化。中央政府希望"城乡建设用地增减挂钩"能缓解建设占用和耕地保护之间的矛盾，盘活农村闲置土地资产和统筹城乡建设，给城市发展带来新的机遇，促进生产要素、劳动力和社会资本在城乡间的流动，推动城乡统筹。

3. 地方政府

重庆地票是城乡建设用地增减挂钩的一种模式，地方政府在地票运行中是政策总监制。地方政府担当着推动地方经济发展和确保耕地占补平衡的双重责任。在推动地方经济发展方面：地票在城郊落地可以加速城市产业集聚，推动经济增长，给地方政府带来间接性经济财政收入。另外，地方政府通过土地出让可以获得直接性的财政收入，缓解地方政府在公共服务和公益事业领域的投资压力。在确保地票制度有效运行方面：地方政府在城市发展陷入城乡建设用地供需矛盾的瓶颈期提出地票制度，希望通过城乡建设用地指标置换缓解城市建设用地指标不足制约城市发展的困境。但地方政府必须坚持耕地占补平衡的基本原则，在确保粮食安全的基础上加强土地的集约利用，合理整治农村建设用地。如此，才能既保障地票的有效运行，又使其能够得到中央政府和老百姓的肯定。

4. 开发商

开发商作为投资者希望在社会经济发展的良好形势下分享经济利益，在现有城市建设用地指标已经饱和，经营性建设用地使用权需经过地票获得的背景下，购买地票成为开发商拿地进行投资的前提条件。虽然开发商的投资对带动地方经济有促进作用，但在利益博弈中开发商更多的是作为追逐商业利益的独立经济实体，所以为了降低开发成本，获得市场利润，开发商会采取相关措施确保项目能顺利开工。

5. 被征地农民

被征地农民是指征地时享有农村集体土地承包权的在册农业人口，在城市规划区内

（含县城、镇政府所在地）因征地失去 1/2 以上农用地的人员，在城市规划区外，被征地农户人均耕地面积低于所在县（市、区）农业人口人均耕地面积 1/3 的人员。地票制度实现了建设用地指标在城乡间的转移，大规模地票的落地也意味着居住在城郊地区的农民会失去自己的耕地。由于靠近市区，城郊土地的级差地租明显高于地处渝东北、渝东南等偏远地区土地的级差地租，被征地农民会把利益补偿是否合理看成自己是否愿意退地的首要因素。

4.2 各行为主体间的利益关系分析

在分析利益关系前，需要对各行为主体间的利益关系进行梳理。从地票运行的流程看，地方政府在各行为主体间起着中间人的作用，与其他行为主体有直接或间接的利益关联。

4.2.1 行为主体间的关系分析

1. 复垦农民与地方政府

农村宅基地对于多数复垦农民来说是基本的生活资料，是固定的不动产财产。对农户来讲，复垦可以从利用效率不高或废（放）弃的宅基地上取得土地收益，拥有更好的居住环境。这使得边远地区的农民积极响应复垦政策获得经济报酬。复垦农民的经济政策可认为是理性"经济人"在一定的自然环境、技术条件与制约环境约束下追求自身利益最大化的经济行为（曹阳等，2011）。

复垦农民虽然拥有地块复垦后的使用权，可以继续耕种以获取经济利益。但是，由于复垦地块大多位于偏远地区，复垦农民也大多外出打工，所以，较少有复垦农民选择继续耕作，实际上，复垦农民失去了最基本的生活保障，即宅基地。因此，作为理性"经济人"，复垦农民认为不仅应该得到以地票价款分配为原则发放的赔偿款，而且还应该得到基本的社会保障（如子女教育、医疗保障、养老保障等），以弥补失去宅基地的损失。这里把赔偿款和基本社会保障合称为对复垦农民的补偿。

2. 被征地农民与地方政府

被征地农民的被征地往往在城市近郊区，级差地租更高，因此其对补偿标准的预期也要高于复垦农民。与地票补偿受市场交易波动影响较大不同，城郊土地的征地补偿标准波动较小，主要根据《土地管理法》的规定由土地补偿费、安置补助费、青苗补偿费和地上构（建）筑物补偿费组成。被征地农民失去了生活保障——土地（尤指耕地），补偿是否符合被征地农民的心理预期十分关键。目前，土地补偿费是按实际用途折算为市场价格和一定年限的土地预期收益进行补偿。被征地农民会对目前的补偿标准进行理性判断，以维护自身的利益。

3. 开发商与地方政府

竞得地票的开发商需要通过国有建设用地"招拍挂"的方式获得土地使用权，为了降低拿地不成功造成的利益损失，开发商会尽力保证项目的按期开工。例如，近年来土地变更调查中发现存在开发商采取"未批先建"的违建现象，即土地还未转用就先行建设利用，或者事先申请经营性用地中的工业用地指标（工业用地可以不使用地票）用于开发建设的违建情况，目前可行的补救措施是开发商补买地票。

开发商需要通过"招拍挂"的方式拿地，但由于存在拿地不成功的风险，为了避免投资机会成本的损失，开发商有先落地再补买地票的可能性。但是，如果地方政府对违建进行行政处罚，以规范开发商的行为。那么，开发商的策略将从先落地再补买地票转变为购买地票后再落地。

4. 中央政府与地方政府

自《国务院关于深化改革严格土地管理的决定》（国发[2004]28 号）提出"鼓励农村建设用地整理，城镇建设用地增加要与农村建设用地减少相挂钩"的要求后，国土资源部组织开展了城乡建设用地增减挂钩试点。中央政府通过土地利用年度计划和土地利用总体规划对地方政府试点产生的"挂钩指标"规模进行有效限制。

开展"增减挂钩试点"的地方对新增建设用地指标始终保持较高的需求，对通过获得"挂钩指标"促进发展的意愿较为强烈，可能导致"挂钩指标"的使用突破了土地利用年度计划的有关限制，出现指标超前使用的情况。中央和地方的关系可理解为：地方在"城乡建设用地增减挂钩"的制度平台下提出有地方特色的试点措施，"挂钩指标"可以满足自身发展需要。中央政府对各地试点进行监督和管理，当"挂钩指标"的使用突破了土地利用年度计划的有关限制导致出现问题时，中央政府责令整改。中央政府规范地方的行为将使地方政府的试点能更合理的开展，以优化城乡建设用地布局，缓解耕地占补平衡的压力，实现城乡统筹发展。

4.2.2　复垦农民与地方政府

从目前地票运行的情况看，复垦农民往往对地方政府地票政策的制定以及执行方面处于信息了解滞后的局面，对地方政府的策略空间不能完全了解，信息了解上处于非对称的局面；另外，复垦农民是对政府的政策执行做出反应，两者在行动上有先后顺序。假设复垦农民对得到的补偿具有先验信念，那么就存在先验概率（人们根据历史以及经验对某随机事件概率分布的先验信念称为先验概率），即复垦农民了解到正在实施的地票补偿是否合理的相关信息，认为目前补偿合理的策略先验概率为 p，补偿不合理的概率则为 $1-p$。因此，地方政府的策略集为｛补偿合理，补偿不合理｝，复垦农民对应的策略集为｛接受，不接受｝，当复垦农民选择不接受进行抗议维权时会出现维权成功与失败两种结果。复垦农民与地方政府间行动关系表达如图 4.1 所示。

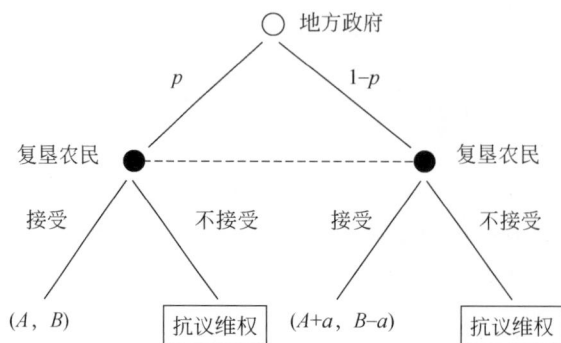

图 4.1　复垦农民与地方政府间的关系树

1. 复垦农民与地方政府的策略组合分析

（1）策略组合为｛补偿合理，接受｝：地方政府遵照地方颁布的法规政策和中央政府的指示对复垦农民进行补偿。复垦农民认为补偿合理，那么双方按政策规定执行。

（2）策略组合为｛补偿合理，不接受｝：地方政府遵照地方颁布的法规政策和中央政府的指示对复垦农民进行补偿。复垦农民同意将自己的建设用地复垦，希望得到补偿以及到城镇生活，复垦农民认为补偿合理。但是，复垦农民多是社会受教育程度较低的群体，收入不高，即使再就业也都是从事中低层次劳动，否则失业。而且还面临物价上涨的客观情况，所以得到的赔偿款可能难以维持长久的生活。另外，对于子女较多、失去宅基地的复垦家庭而言，今后会承受在房价偏高时买房的压力。因此，此策略组合解释为地方政府依法对复垦农民进行了合理补偿，复垦农民认为合理，但不排除今后由于生活压力而提出额外补偿的可能性。

（3）策略组合为｛补偿不合理，接受｝：补偿不合理指复垦农民理应得到土地发展权价值的赔偿——土地发展权由边缘地区让渡到城郊后带来的土地增值收益。由于目前对土地发展权价值的赔偿尚未有明文规定，导致这部分的价值赔偿存在不足。因此，从完善土地发展权补偿的角度认为目前的补偿是不合理的。当前复垦农民对发展权价值了解甚少，所以选择接受补偿较为普遍。

（4）策略组合为｛补偿不合理，不接受｝：随着制度设计的不断完善，复垦农民维权意识提高，对发展权价值的赔偿诉求增强，复垦农民选择不接受当前的补偿标准。

2. 预期收益分析

根据复垦农民的先验信念，复垦农民选择接受的预期收益为：

$$p \times B + (1-p) \times (B-a) = p \times a + B - a \qquad (4.1)$$

复垦农民选择不接受的预期收益：为了简要分析，在此情景下以两点假设为基础进行分析：①地票运行的目的可概括为确保耕地占补平衡以及保障复垦农民权益，认为农民在选择不接受的状态下发生维权成功的事件概率远高于发生维权失败的事件概率。②在社会提倡降低公民维权成本的背景下，认为复垦农民在选择不接受且维权成功时的收益是大于维权成本的。所以假设①使复垦农民选择不接受时的预期收益只需考虑维权成功的情况，假设②使复垦农民选择不接受时的预期收益大于选择接受时的预期收益。因为复垦农民希望自己能获得更多的收益，且选择不接受且维权成功获得的收益多于选择接受时的收益，所以复垦农民更倾向于做出不接受的策略。然而，理性的地方政府会对复垦农民的战略选择做出预测，如果地方政府没能与复垦农民达成共识，考虑到农民维权成功是高概率事件，那么不管是否补偿合理都不利于地方政府的政策落实，在复垦农民做出不接受的情况下地方政府选择任何一种策略都对自己不利。因此，地方政府会尽力维护复垦农民的主体权利，保障他们的利益。

3. 风险分析

以上利益均衡的形成｛补偿合理，接受｝是以复垦农民为理性经济主体，并具有足够的维权意识为前提的。然而现实中由于信息不对称，复垦农民存在为了眼前利益而选择盲目复垦的情况，面临社会保障部分缺失的风险。虽然现在的补偿标准是按照规定以地票价款分配为原则发放，但对土地发展权价值的赔偿还有待完善。复垦农民因为认识和了解问题具有局限性而选择接受补偿，导致形成了｛补偿不合理，接受｝的策略组合。

从保障复垦农民权益的角度，应该制定更合理的补偿政策，包括考虑土地发展权价值的赔偿，逐步提高复垦农民的劳动专业技能，拓展就业渠道等。只有通过逐步完善补偿制度，形成｛补偿合理，接受｝的策略组合才更加合理。

4.2.3 被征地农民与地方政府

除了城市周围被征地有更高的级差地租外，被征地农民在失去土地后也没有了土地使用权，而复垦农民在复垦为耕地后还保留土地使用权，可以进行耕作。

当被征地农民得到的补偿不能满足他们的心理预期时产生的结果是｛补偿不合理，接受｝，因为存在对被征地农民补偿不及时、不到位、不合理的情况，会导致少量征地矛盾。只有在征地过程中尊重被征地农民的征地意愿，完善信访制度，建立合理的补偿机制等情况下，双方才能达成策略均衡｛补偿合理，接受｝。

4.2.4　开发商与地方政府

开发商与地方政府都对彼此的策略空间与支付函数完全了解，信息了解方面处于对称的局面，双方在行动上并没有明显的先后顺序。地方政府的策略组合为｛开发商需竞购地票，对违建行为进行行政处罚｝，开发商在寻求地票落地过程中的策略组合为｛先落地再补买地票，购买地票后再落地｝。那么开发商与地方政府的策略式表达如图 4.2 所示。

开发商

	先落地再补买地票	购买地票后再落地
开发商需 竞购地票	$(A，B+F)$	$(A，B)$
对违建行为进 行行政处罚	$(A+E,B+F-D)$	$(A，B)$

地方政府

图 4.2　开发商与地方政府的支付矩阵

1．开发商与地方政府的支付矩阵分析

如图 4.2 所示，假设地方政府选择开发商需竞购地票时收益为 A，开发商选择购买地票后再落地时收益为 B。地方政府选择对违建进行行政处罚后的额外收益为 E。开发商选择先落地再补买地票后的额外收益为 F，先落地再补买地票面临行政处罚的成本为 D。为了使模型分析更具意义，假设支付成本小于所得收益，即 $F > D$。应用划线法求解出策略均衡｛对违建行为进行行政处罚，先落地再补买地票｝：开发商虽然面临行政处罚，但为了避免投资机会成本的损失，存在先落地再补买地票的可能性。

目前，防止开发商选择先落地再补买地票的有效策略是地方政府对违法用地行为的行政处罚。处罚力度越大，开发商选择购买地票后再落地的概率就越大。开发商为了寻求经济效益，如果行政处罚造成的损失大于或等于开发商的利润，开发商选择购买地票后再落地；如果行政处罚造成的损失小于开发商的利润，开发商会选择先落地再补买地票。双方行动可以描述为以一定的空间分布概率选择某种策略，该概率也是一定时期内某事件的先验概率。

如图 4.2 所示，假设地方政府选择开发商需竞购地票的概率为 θ，选择对违法用地进行行政处罚的概率为 $1-\theta$。假设地方政府采用混合策略达到最优选择时，开发商在选择先落地再补买地票和购买地票后再落地时两种策略收益相等。那么可根据支付等值法列出方程（如下）求解该混合策略均衡。

$$(B+F)\times\theta+(B+F-D)\times(1-\theta)=B\times\theta+B\times(1-\theta) \tag{4.2}$$

结论：$\theta > 1 - F/D$，开发商的最优选择是先落地再补买地票。

$\theta = 1 - F/D$，开发商的选择是先落地再补买地票和购买地票后再落地无差异。

$\theta < 1 - F/D$，开发商的最优选择是购买地票后再落地。

2．风险分析

当 $\theta > 1 - F/D$，开发商的最优选择是先落地再补买地票。此时行政处罚的力度还不够大，不足以超过开发商得到的利润。当 $\theta < 1 - F/D$，开发商的最优选择是购买地票后再落地。此时行政处罚的力度较大，超过开发商的利润。因此，针对先落地再补买地票的行为，地方政府只有加大行政处罚力度，规范地票落地秩序。另外，还需要积极探索有条件的开放地票二级市场，打通地票转让渠道，降低开发商由于拿地不成功导致的投资机会成本的损失。通过以上措施使双方形成新的策略均衡｛开发商需竞购地票，购买地票后再落地｝。

4.2.5　中央政府与地方政府

中央政府与地方政府在地票运行中不仅对地票政策都充分了解，而且也完全了解彼此间的策略空间与支付函数，所以中央与地方在地票制度运行上处于行动有先后且信息对称的局面。地方政府"试点"后的策略组合为｛突破土地利用年度计划的有关限制，未突破土地利用年度计划的有关限制｝，中央政府的策略组合｛整改，继续试点｝。中央政府与地方政府间行动关系表达如图 4.3 所示。

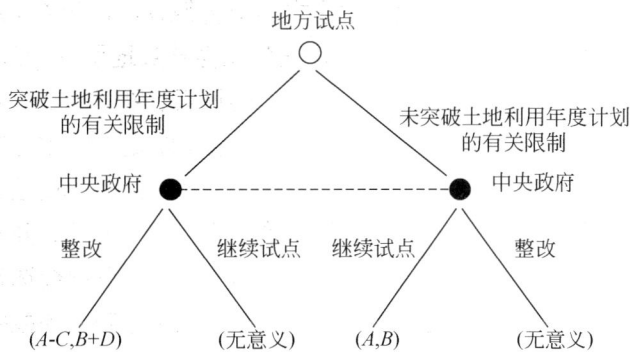

图4.3　中央政府与地方政府间的关系树

1．中央政府与地方政府的策略组合分析

（1）策略组合为｛突破土地利用年度计划的有关限制，整改｝：假设地方政府规范开展"试点"后双方收益集合为（A，B），"挂钩指标"突破土地利用年度计划的有关限制后，进一步加快了地方发展，地方额外收益为 D。而此时对中央政府造成的问题成本为 C。此时双方的收益集合为（$A-C$，$B+D$）。

本书对问题成本的解释为：土地利用总体规划的主要作用就是在规定的时间内（通常 15 年），通过管控"指标规模"的配给对土地进行合理利用。"挂钩指标"的使用，尤其是时空上的不确定性使用突破了土地利用年度计划的有关限制，会给已实施的土地利用总体规划带来冲击，造成某一时间内，阶段性"调规"的次数增加，已有某地块或区域的规划面临失效。目前，"挂钩指标"的使用较多是以企业项目落地的方式进行，指标落地时土地供应的面积一般不少，如果有关指标限制被突破，且项目大多属于城市近郊的开发建设项目，将导致土地供应增加与周围配套设施滞后的矛盾。一段时间内，指标的集中落地使区域内土地利用结构发生相对变化，土地性质的变更未登记给诸如土地变更调查之内的土地管理带来不便。现有规定"挂钩指标"的使用不能突破土地利用年度计划的有关限制，并与土地利用总体规划和城市总体规划进行有效衔接，保障指标落地符合城市用地指标规模和建设空间布局的要求。但是，与产业规划的衔接还有待提高。当指标较大规模落地后，指标落地与产业规划进行有效衔接的法律缺失可能将导致区域内产业结构空间分布不协调的矛盾进一步突出。

（2）策略组合为｛突破土地利用年度计划的有关限制，继续试点｝：中央政府对地方政府试点负有监管责任，不会允许地方继续试点。所以，该策略组合的存在无意义。

（3）策略组合为｛未突破土地利用年度计划的有关限制，继续试点｝：地方规范开展试点，由（1）的分析中可知，双方收益集合为（A，B）。

（4）策略组合为｛未突破土地利用年度计划的有关限制，整改｝：地方规范开展试点，不存在整改的逻辑性。所以，该策略组合的存在无意义。

2. 预期收益分析

从地方政府与中央政府的策略组合分析可知，地方的试点可能导致"挂钩指标"的使用突破了土地利用年度计划的有关限制，出现指标超前使用的情况。但是，作为监管者，中央政府一定会责令地方进行修改。随着地方政府试点的相关政策不断优化和完善，中央和地方形成的策略均衡为｛未突破土地利用年度计划的有关限制，继续试点｝，地方政府试点将更合理地开展。

3. 风险分析

除了地方政府与中央政府的策略组合分析（1）中存在的问题，地方政府试点还存在另一个共同的问题：耕地质量的保护。"城乡建设用地增减挂钩"中"拆旧区"的地理位置较为偏远，分布零散等原因造成复垦的成本较高，相较于"建新区"耕地质量更好，存在耕地质量"占补不平衡"的可能性。农村青壮年多外出就业容易出现"撂荒"现象，导致耕地质量下降。缺乏有效的耕地质量管理手段也是导致耕地质量下降的原因。

面对地方试点中可能产生的这些问题，中央政府应加强耕地质量的监督与管理，严格规范各地"挂钩试点"的准则，纠正地方试点中可能存在的"重建新，轻拆旧"，"重指标，轻准则"而导致的耕地质量下降和突破指标限制的行为。

地票作为"城乡建设用地增减挂钩"的一种模式，也面临以上问题。应鼓励复垦农民继续参与耕作，并适当给予补贴。建立信息化的复垦耕地质量监督管理系统，鼓励有资质的企业进行集中连片的农业种植开发，防止"撂荒"。防止片面追求新增建设用地指标而忽视复垦耕地质量的行为造成耕地质量的"占补不平衡"。另外，地票落地应与城市总体规划、土地利用总体规划、产业规划等各项规划进行有效衔接，积极做好地票落地区的土地管理和综合设施配套服务工作。只有持续完善制度，协调各方权益，地票才能更好的实施并发挥作用。

4.3　本 章 小 结

本章首先对行为主体的角色进行了分析，然后研究了他们之间的相互关系，讨论了各行为主体间的策略组合。最后，提出了达到策略均衡时应采取的措施。

复垦农民与地方政府的共同关注点是补偿是否合理，应考虑土地发展权收益赔偿，提高复垦农民的劳动技能，拓展就业渠道等措施，使补偿合理；被征地农民与地方政府的共同关注点也是补偿是否合理，应尊重被征地农民的征地意愿，完善信访制度，建立合理的补偿机制等措施，使补偿合理；开发商与地方政府的共同关注点是开发商是否购买地票后再落地，地方政府应加大行政处罚力度，规范地票落地秩序，打通地票转让渠道等。在规范地票落地市场的同时，积极保障开发商的权益；中央政府与地方政府的共同关注点是"挂钩指标"是否突破了土地利用年度计划的有关限制，分析了突破指标限制后可能存在的问题。地票作为"城乡建设用地增减挂钩"的一种模式也存在相似问题，提出了诸如鼓励复垦农民继续参与耕作，并适当给予补贴，鼓励有资质的企业进行集中连片的农业种植开发来防止"撂荒"，地票落地应与城市总体规划、土地利用总体规划、产业规划等各项规划进行有效衔接等措施，保障地票交易制度的良好运行。

第5章 经济维度下的地票运行机理研究

地票作为建设用地指标能通过市场化的运作方式使土地资源得到更公平、更高效的配置，产生更大的经济效益。经济维度下的地票运行机理研究遵循如下思路：首先对地票的交易方式进行阐述，然后围绕地票交易数据对地票的年成交均价进行分析，发现其波动特点。由于价格的波动主要是由市场供需变化造成的，而目前影响地票供求关系平衡的主要是需求变化，故结合需求曲线的变化对地票市场平衡变化机制进行研究。

5.1 地票供求机制分析

5.1.1 价值价格分析

由于地票属于在市场体制下交易的商品，因此，地票需求量与交易价格之间的关系可以用供求曲线之间的相互作用进行解释。地票的市场属性决定了地票的供求关系在地票长期交易中形成了相对均衡的局面。与传统西方经济学供求理论中强调供求关系决定商品的价格不同的是，马克思在《资本论》中认为商品的价值决定了商品的价格，价格受到供求关系的影响，商品价格围绕在价值附近波动。所以不难理解商品价格相对其本身价值越低，商品供大于求，就意味着一般消费者更愿意买，而生产者则会减少商品供给量；同理，商品价格相对其本身价值越高，商品供不应求，就意味着一般消费者不愿掏更多的钱购买，会减少需求量，而生产者为了获得更多利润，加大供给量。这两种情景中商品的价格都会在市场的作用下最终接近商品的价值，即达到了市场供需相对均衡的局面，商品消费者和生产者之间的供给平衡是商品价值的真正体现。通过把商品的价值引入到西方经济学供求理论后，可以有效地解释需求曲线和供给曲线在图形上的某个位置及发生的变化，如曲线向左、右移动或是上、下移动（余斌，2010）。价值的加入使得供求曲线在经济分析、商品定价方面是非常有效的，凸显了供需曲线背后的深层次因素（陈学信，2012）。地票作为一种特殊的商品，地票价值可以用其使用价值来体现，即地票作为城乡建设用地置换指标给市场获得国有建设用地土地使用权提供了有效渠道，并有权对其进行投资发展，获得利润。从理论上讲，市场对地票供不应求时，地票价值越高，价格越高；市场对地票供过于求，地票价值越低，价格越低。

5.1.2　地票供给和需求函数表达式分析

在前面谈到商品消费者和生产者会根据商品价格相对其本身价值的高低做出商品需求和供给的调整，所以可建立相应的函数表达式反映此关系。由于价格对价值的偏离可以通过价格价值比（p/v）来反映，所以消费者的需求量与价格价值比（p/v）成反比，而生产者的供给量与价格价值比（p/v）成正比。由此可以推导出如式（5.1）所示的一般商品需求和供给函数，其中 k_1，k_2，a，b 都为常数，v 为商品价值。

$$Q_d = k_1 \times \left(\frac{p}{v}\right)^{(-a)}, Q_s = k_2 \times \left(\frac{p}{v}\right)^{(b)} \tag{5.1}$$

通过式（5.1）可以得出地票供给、需求和价格的关系都表现为非线性关系，即曲线形式。同其他商品一样，地票价值是价格的基础，地票价格是价值的货币表现形式。地票供求关系的变化过程也是地票价值和价格不变调整的过程。当地票供求关系处于非平衡状态时，地票价格会偏离地票价值；当地票供求关系处于平衡状态时，地票价格与地票价值会达到一致。

5.1.3　地票供给和需求曲线类型分析

西方经济学对商品需求和供给曲线按照是否具有价格弹性各分为了五种不同的类型，即富有弹性、缺乏弹性、单位弹性、完全弹性和完全无弹性。影响需求曲线价格弹性的因素主要是商品的可替代性，由是否为生产生活的必需品来判断出商品需求曲线的价格弹性。由于收到地票是开发商取得经营性用地土地使用权的唯一途径，可替代的经营性用地拿地途径几乎没有，所以地票的需求曲线是一条缺乏弹性、从左至右、向下弯曲的曲线，如图 5.1（a）所示。另外，地票供给的物质前提是完成农村建设用地复垦工作，地票的供给也可以看成是符合复垦条件的农村建设用地的供给，所以地票供给可以看成属于土地的经济供给。影响商品供给曲线价格弹性的因素主要是商品应对价格变化而调整供给规模的能力和生产要素的供给弹性。在应对价格变化而调整生产规模的能力上，目前重庆土地交易所有能力根据近期地票需求情况（包括交易价格的波动、市场供求关系等）组织地票交易量，在需求增加、价格上涨时增加供给，在需求下降、价格下降时，减少地票供给以平衡供求关系。这些因素都确保了地票供给量能较好地应对市场价格变化。在生产要素的供给弹性上，地票供给属于土地的经济供给，而土地的经济供给在土地自然供给（土地总量是不变的）内是富有弹性的，因此，从生产要素的供给弹性上也可以认为地票供给富有弹性。经过以上理论分析可认为地票的供给曲线是一条富有弹性的从左至右、向上弯曲的曲线，如图 5.1（b）所示。

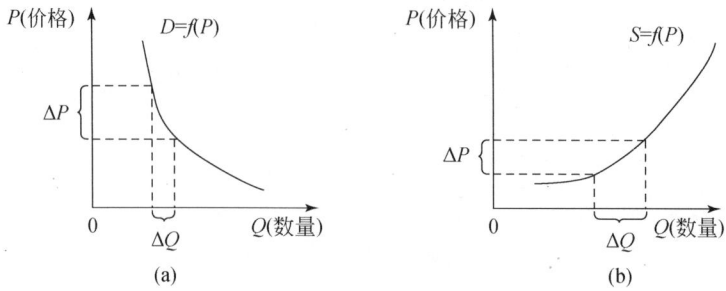

$$\text{需求缺乏弹性：}\ |e_{\mathrm{d}}| = \frac{\text{需求量变动率}}{\text{价格变动率}} = \frac{\Delta Q}{\Delta P} \times \frac{P}{Q} < 1$$

$$\text{供给富有弹性：}\ |e_{\mathrm{d}}| = \frac{\text{需求量变动率}}{\text{价格变动率}} = \frac{\Delta Q}{\Delta P} \times \frac{P}{Q} > 1$$

图 5.1　地票需求和供给曲线图

5.1.4　地票需求和供给曲线作用分析

现实生活中市场交易中供求关系常常处于非平衡状态，商品供给和需求曲线的相交点是此时的均衡价格，但并不等于商品的价值，商品价格偏离了商品价值。因为商品的均衡价格和价值的不对等关系，使得商品的供给和需求曲线发生相互作用，使商品价格与商品价值相一致，让市场交易重新回到供求平衡的状态。如图 5.2 所示，设此时地票的价格为 P，价值为 v，此时地票的价格 P 是价值 v 的货币变现，$P=v$。非平衡状态下的地票价值价格关系应分为供不应求、地票价格上涨，造成市场成交价格大于价值和供过于求，地票价格降低，造成市场成交价格小于价值两种情况。①供不应求：当市场处于供不应求时，地票供给量会增加，直至价格等于价值，如图 5.3（a）所示。②供过于求：当市场处于供过于求时，地票供给量会减少，直至价格等于价值，如图 5.3（b）所示。

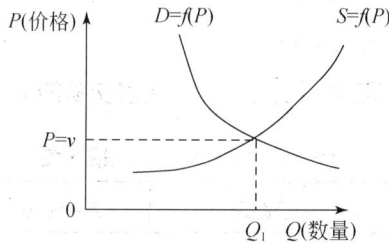

图 5.2　供求平衡

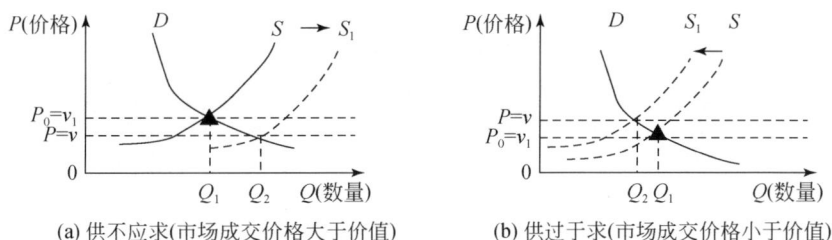

(a) 供不应求(市场成交价格大于价值)　　　(b) 供过于求(市场成交价格小于价值)

图 5.3　供不应求和供过于求

5.2　地票交易分析

5.2.1　地票交易方式

《重庆农村土地交易所管理暂行办法》（渝府发[2008]127 号）对地票交易的原则进行了说明，凡是获得了城乡建设用地挂钩指标凭证的权利人可以本人，或者委托代理机构向重庆农村土地交易所申请地票交易。新增建设用地挂钩指标被打包分成若干份，如果有两家或两家以上的竞购方报名竞购的指标面积大于可交易公告面积，按照竞拍方式确定地票竞得单位。如果竞购方报名竞购的指标面积小于或等于可交易公告面积，则直接挂牌成交，未成交的继续挂牌交易。因此，地票是按面积进行"打包"交易，并根据竞购方的竞购总面积与可交易公告面积的相互关系将地票交易方式分为竞拍和挂牌，其中，竞拍以价高者确定竞得单位。

相比之下，地票竞拍方式是较为常见的，但是由于竞拍方式是以价高者确定竞得单位，所以容易给经济实力相对较小的竞购方造成交易壁垒。当地票"打包"面积较小时，经济实力相对较小的竞购方难以在资金上与经济实力相对较强的竞购方形成抗衡的局面，在打价格战中处于劣势。当地票"打包"数量较多时，涉及的起拍资金就相对较大，经济实力相对较小的竞购方则因为缺乏竞拍竞争力而面临被交易排斥的可能性。由表 5.1 可以看出个人、民营企业购买地票的占比和仅为 9.48%，得出地票交易中个人和民营企业获得地票的成功率不高，这也间接反映出地票"打包"交易对经济实力相对较小的竞购方有失公平。如果这种不公平性的竞拍得不到有效改善，将降低中小型开发商或个人竞购地票的热情。而中小型开发商或个人利益保障的法规缺失将损害交易的公平性和这部分群体的利益。

表 5.1　地票竞购面积情况表

购买方	地票份数	购买地票面积/亩	购买地票面积百分比/%
储备机构（A）共计	74	39681	23.93
投融资平台（B）共计	145	71434	43.07

购买方	地票份数	购买地票面积/亩	购买地票面积百分比/%
园区建设单位（C）共计	108	33391	20.13
民营企业（D）共计	79	15238	9.19
个人（E）共计	7	483	0.29
国有企业共计	25	5260	3.39
合计	438	165848	100

另外，竞拍方式导致地票成交价格具有市场波动性的特点，不排除开发商竞得地票时由于成交价格过高，为了降低自己的建设开发成本而推高房价的可能性。而且地票竞拍的成交价格具有的市场波动性会导致土地权利人申请地票交易面积相同，或者地票来源地相同但却获得了不同的赔偿，因此，地票价格波动会导致复垦农民利益分配差异风险。

通过对地票交易方式的分析，总结出存在对中小型开发商或个人利益保障的法规缺失风险，地票交易推高房价风险和地票价格波动导致复垦农民利益分配差异风险。

5.2.2　地票交易价格形成与组成分析

现行的文件并没有对重庆地票交易基准价格做出明确的规定，只是《重庆农村土地交易所管理暂行办法》（渝府发[2008]127号）对地票交易的基准价做出了交易价格指导，第十四条：各区（县、自治县）人民政府根据区域经济社会发展水平、城乡规划与建设、土地市场状况等情况，制定本区域农村土地交易的基准地价。第二十五条：市人民政府在综合考虑耕地开垦费、新增建设用地土地有偿使用费等因素的基础上，制定全市统一的城乡建设用地挂钩指标基准交易价格。所以地票基准价格的制定都会以这两种费用之和为基础。耕地开垦费、新增建设用地土地有偿使用费可冲抵费用，开发商在可冲抵费用内以任何价格拿到地票的付出成本都是零。由这两种费用构成的复垦成本补偿方式形成了地票第一次交易的价格基础，然后按照市场运作中市场主体的出价高低确定出最终的成交价格。另外，地票交易的每次起拍价格都会参照上一次地票交易的平均价格。从以上分析中可以看出，地票交易价格的制定是政府主导、市场运作共同作用的结果。

然而在地票交易的实际状况中，实际成交价格都会高于市政府制定的可冲抵费用。考虑到地票价款用于支付复垦成本和地票持有人利益补偿两部分，所以可以认为地票交易价格由可冲抵费用、复垦成本、利益补偿三部分组成。

5.2.3　地票交易价格走势分析

由表 5.2 看出地票交易价格整体上可分为两阶段：2008～2011 年的交易价格和面积持续走高，且上升势头强劲；2012～2015 年交易价格和面积总体下降，但降幅波动不大（图 5.4）。相对于供给，地票需求变化是影响地票价格波动的主要原因，根据需求变化后价值与价格的变化关系把地票交易分为两种情况，见表 5.3。

表 5.2　重庆市 2008～2015 年农村土地交易所地票交易统计数据（截止到 42 场）

年份	成交面积/m²	年成交均价/（元/m²）	年成交总价/亿元
2008	733 000.00	122.78	0.90
2009	8 267 000.00	145.16	12.00
2010	14 813 333.33	224.80	33.30
2011	35 266 400.00	357.28	126.00
2012	14 892 666.67	313.58	46.70
2013	13 666 000.00	330.75	45.20
2014	13 650 000.00	287.18	39.20
2015	9 183 333.33.00	279.85	25.70
合计	110 471 733.00	297.81	329.00

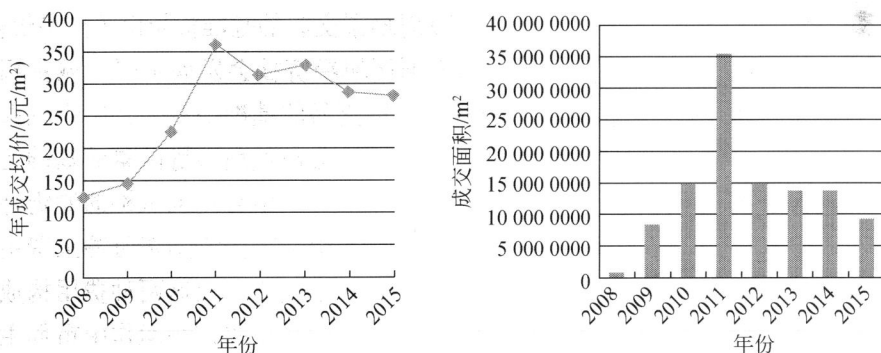

图 5.4　2008～2015 年地票成交面积与年成交均价图

表 5.3　2008～2015 年地票需求变化情况表

地票价值 ＼ 地票需求	市场需求火爆（2008～2011 年）	市场需求不足（2012～2015 年）
价值	价值升高，价格上涨	价值降低，价格下降

1. 2008～2011年地票价值升高，价格上涨

1）原因分析

城市发展因素推动用地需求：城市发展因素包括经济因素、社会因素和城市总体规划因素。经济因素方面，产业集聚是社会经济发展中各种生产要素在地理空间上相互集聚的体现，产业聚集产生的极化效应增大了用地需求。房地产市场的弹性和刚性需求交易持续火爆，增大了开发商用地需求。固定资产投资对交通、工业、服务行业等的投入增大了用地需求。社会因素方面，农村人口大量向城市涌入而城市土地利用效率较低，城市发展需不断向外侵占土地满足居住用地需求，居民消费理念指居民在诸如餐饮、娱乐上的花费加大，导致服务行业用地需求增长。城市总体规划确定了城市发展定位，划定了城市功能分区，带动了城市用地需求。国家每年下达的建设用地指标有限，指标缺口大阻碍了城市发展，而要拿到新增经营性建设用地使用权必须使用地票落地政策导致地票需求火爆，如图5.5所示。

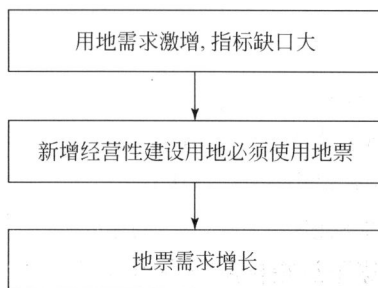

图 5.5 地票需求增长分析图

2）供求曲线作用

地票需求增加导致地票价值升高、价格上涨，这将打破地票原本的供求状态。由表5.2可以看出，在地票交易初期的2008～2009年，地票价格并没有大幅上升，虽然市场对地票有需求，但地票毕竟是一项新的政策，且市场运作机制还不成熟，导致市场主体产生了观望情绪，地票成交量和价格并不是很高，设此时地票价值为v，与之对应的价格为P。随着新增经营性建设用地必须使用地票的政策出台，加之市场运作机制逐渐开始完善，使得2010～2011年地票价值升高为v_1。地票需求曲线向右移动，地票供给曲线垂直向上移动，此时地票需求曲线和供给曲线相交于P_0。由于此时地票价值小于价格，出现地票供不应求的局面。重庆农村土地交易所会根据市场状况增加地票供给，地票供给曲线向右水平移动，供需曲线相交于价格P_1处，对应的地票价值为v_1，供求量增加到Q_2，如图5.6所示。

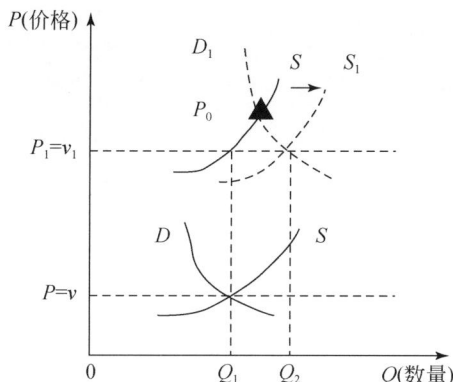

图 5.6　需求增长时的供求机制图

2．2012～2015 年地票价值降低，价格下降

1）原因分析

2012～2015 年地票供给相对充足，能满足市场需求，需求变化导致地票价格变化。近年来，由于重庆土地价格整体呈现出的上升态势压缩了开发商在楼市上的利润，导致房地产开发量的提速放缓，开发商拿地趋于谨慎。地票的成交价格现阶段约为 300 元/m²（20 万元/亩），相对于通过无偿获得国家下达指标，通过地票拿地势必会加大开发商的投资成本，进一步压缩开发商在楼市上的利润，所以地票和国家下达指标两种拿地方式的法律监管缺失将导致在国家下达指标用不完的情况下，开发商绕过地票选择国家下达指标的方式拿地，进而导致地票需求不足。另外，地票的使用范围较窄，用地性质被局限为经营性建设用地，也间接压缩了市场对于地票的需求，如图 5.7 所示。

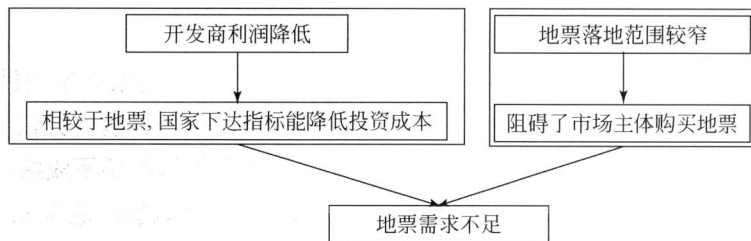

图 5.7　地票需求不足分析图

2）供求曲线作用

地票需求减少导致地票价值降低、价格下降，这将打破原本地票供不应求的局面。设此时地票价值由 v_1 降低为 v_2。地票需求曲线向左移动，地票供给曲线垂直向下移动，

此时地票需求曲线和供给曲线相交于 P_0'。由于此时地票价值大于价格，出现地票供过于求的局面。农村土地交易所会根据市场状况减少地票供给，地票供给曲线向左水平移动，供需曲线相交于价格 P_2 处，价格下降，供求量减少到 Q_3，如图 5.8 所示。

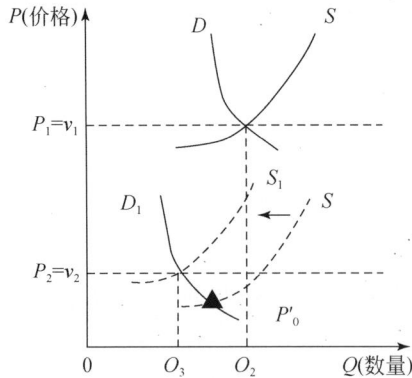

图 5.8　需求不足时的供求机制图

图 5.6 和图 5.7 分析了地票交易上半期和下半期供需曲线的作用机制，需求先增后减是价格波动的主要原因。在之前地票交易价格走势分析中提到需求不足是目前地票交易市场的主要困境，不难判断市场总体上处于供过于求的状态。但由表 5.2 可以看出 2012年以来地票年成交均价都在 300 元/m²（20 万元/亩）左右波动，价格虽然相较于交易火爆时期的 2011 年有所下降，但并没有出现因为供过于求导致地票价格下降幅度很大的情况发生，其原因在于随着交易机制的逐渐成熟，重庆农村土地交易所在组织交易会前会根据市场供需情况调整地票可交易规模，较合理地确定地票在供地总额指标中所占的比例，阻止了市场交易中供求严重失衡、价格波动大的情况发生。此时地票年成交均价总体趋于平稳，地票价值与价格仍然处于市场交易的合理区间。

5.3　本　章　小　结

从经济维度对重庆地票运行机理进行研究主要包括地票供求机制分析和地票交易价格分析。地票供求机制分析包括对地票供给与需求曲线的函数表达式、类型和相互作用分析。通过研究可知，地票需求曲线是一条缺乏价格弹性的曲线，而地票供给曲线则是一条富有价格弹性的曲线。地票交易价格由可冲抵费用、复垦成本和利益补偿三部分组成。

地票交易方式包括竞拍和挂牌，其中，竞拍较为普遍。但地票"打包"交易的竞拍方式容易对经济实力较小的中小型开发商或个人带来不公平，所以中小型开发商或个人利益保障的法规缺失将损害其竞拍利益。由于地票成交价格具有市场波动性的特点，所以存在的风险点包括地票交易推高房价和地票价格波动导致复垦农民补偿差异。

　　通过对地票交易数据分析，发现 2008～2011 年地票价值升高，价格上涨的原因是新增经营性建设用地使用权只能通过地票拿地获得，市场对购买地票的热情上涨，获得新增经营性建设用地使用权必须使用地票拿地导致地票价格升高。2012～2015 年地票价值降低、价格下降的原因是地票和国家下达指标两种拿地方式的法律监管缺失，这就导致开发商无法用完国家下达的指标，且需要降低投资成本增大楼市销售利润时，会选择国家下达指标而不是地票拿地。另外，地票落地范围较窄也间接阻碍了市场对地票的需求，导致地票需求不足。

第6章 空间维度下的地票运行机理研究

自从 2004 年国务院提出"鼓励农村建设用地整理，城镇建设用地增加要与农村建设用地减少相挂钩"的 28 号文件（《国务院关于深化改革严格土地管理的决定》）颁布以来，关于"增减挂钩"的相关政策也相继出台，不同的挂钩模式也在各地得到实践。"增减挂钩"在空间维度上主要体现在挂钩指标在城镇与农村之间转移，在实现经济发展的同时保护了耕地，对城乡空间资源的有效配置起了重要作用。地票作为"增减挂钩"的票据化也不例外，只是"挂钩指标"的跨域范围更大，符合条件的地票可以在全市范围内实现城镇与农村挂钩。空间维度下的重庆地票运行机理研究主要从土地发展权转移、核心-边缘模式、级差地租三方面对地票空间转移进行分析，发现其中存在的风险点。

6.1 地票交易是土地发展权交易的一种模式

6.1.1 地票模式包含土地发展权转移

由于我国实行严格的耕地保有量和基本农田制度，农村集体土地不能随意变更土地用途，其本身的发展权受到压制。另外，城乡土地二元结构使土地权利在城乡间有着明显的界限，加上区域条件的影响，城市土地的发展利用价值远高于农村土地。这说明农民本应享有的土地发展权受到抑制，土地价值受到损害。该背景与美国的传统区划，缺乏弹性的土地分区管制政策导致农地等开发受限地区的农民土地发展权受到限制，而城市土地发展潜力和开发价值巨大的情况极为相似。但都未能摆脱城市发展不断侵占郊区耕地，而农村土地发展价值未能体现耕地质与量下降的困境。美国通过引入土地发展权制度，划定土地发展权转让区与受让区。转让区一般为需保护或禁止开发的区域，土地发展权出售后，土地的用途就被确定了下来，土地所有者不能随意改变土地用途以谋求更大发展。受让区则是可以进一步开发利用的区域，一般为城市中心区域，买入土地发展权后，该地区才拥有额外的发展权利。而重庆的地票确保了城镇建设用地增加与农村建设用地减少相结合，保证建设用地总量不变，只不过重庆地票的来源地与落地区并没有县域范围的界限，而是可以在市域范围内进行时空联建。目前，都市区的国有土地使用类型为经营性建设用地时必须购买地票，地票来源地通过复垦方式使增加的耕地在土地用途上不得改变，落地区则获得了发展的机会。通过背景与政策实施比较，可认为地票的来源地是土地发展权的转让区，地票落地区是土地发展权受让区，土地发展权由来源地转移到了落地区，这个过程可看作是土地产权的空间变化。地票中的土地发展权转移如图 6.1 所示。

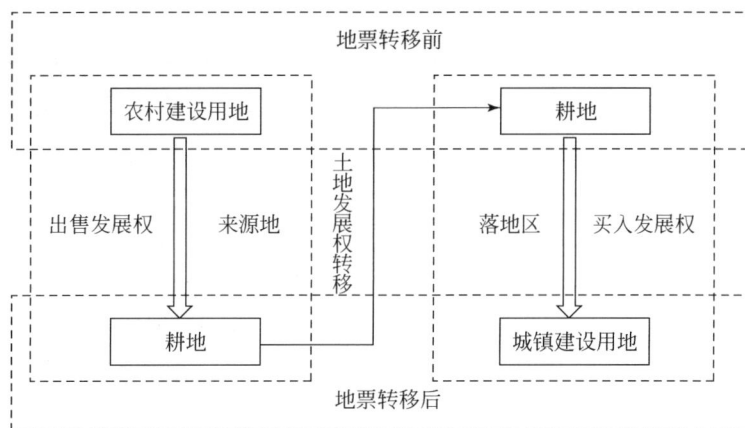

图 6.1　地票中的土地发展权转移图

　　重庆地票不仅与土地发展权项目的设计初衷相同，都是为了保护耕地，满足城市强烈发展的需要。通过对比美国 TDR 项目发现，两者在设计要素、指标性能、市场化的运作方式、交易主体、政府的服务职能等方面都较为相似，见表 6.1。

表 6.1　重庆地票交易与美国 TDR 项目设计要素对比图

设计要素	重庆地票交易	美国 TDR 项目
政策对象	地票	土地发展权
供给主体	农村建设用地使用权人	土地发展权拥有人
需求主体	开发商	开发商
供给区	农村建设用地	土地发展权转让区
需求区	有条件待开发地块	土地发展权受让区
市场中介	重庆农村土地交易所	土地发展权交易银行
价格机制	市场供求调控	市场供求调控
指标产生规则	严格的复垦审查与验收制度	发送区 TDR 比率
指标使用规则	土地用途与落地指标数量限制	接受区额外密度和 TDR 比率

6.1.2　地票交易的本质是农地发展权转移

由于我国目前并没有对土地发展权有明确的界定，所以本书在综合其他文献对我国土地发展权的研究基础上将土地发展权分为农地发展权和市地发展权。农地发展权包括农用地变更为建设用地的权利及不改变土地用途，而是调整农业结构进行再耕作的权利。市地发展权包括建设用地变更为农用地的权利及不改变土地用途，对建设用地进行再开发，节约集约利用的权利。

地票大多来源于农村宅基地的复垦，农村宅基地变更为耕地就是土地权利人在使用自己的市地发展权，复垦是土地权利人自愿同意的，所以并不认为是出售了自己的市地发展权。复垦后的耕地必须进行农业生产而受到土地用途不得变更的命令，这时的农地发展权受到限制，土地权利人出售的土地发展权正是农地发展权。地票在农村土地交易所交易并待国土部门对近郊区的耕地进行征收后方可落地，近郊区的耕地被征收后变为国有建设用地，这是农地发展权的体现，土地用途得到了变更。从产权转移的角度看，正是因为市场主体在农村土地交易所购买了地票来源地的农地发展权后才有权利让国土部门使近郊区的土地被征收，且用途由耕地变更为建设用地，这是农地发展权由地票来源地转移到地票落地区的体现，因此，地票交易的本质是农地发展权的转移，地票是农地发展权的物化。另外，市场主体对该地块的开发利用还需要通过"招拍挂"的形式竞得该地块的土地使用权，这可以认为是市场主体通过竞拍购买了该地块的市地发展权。所以，整个过程是对包括了农地发展权和市地发展权的土地发展权的购买，如图 6.2 所示。

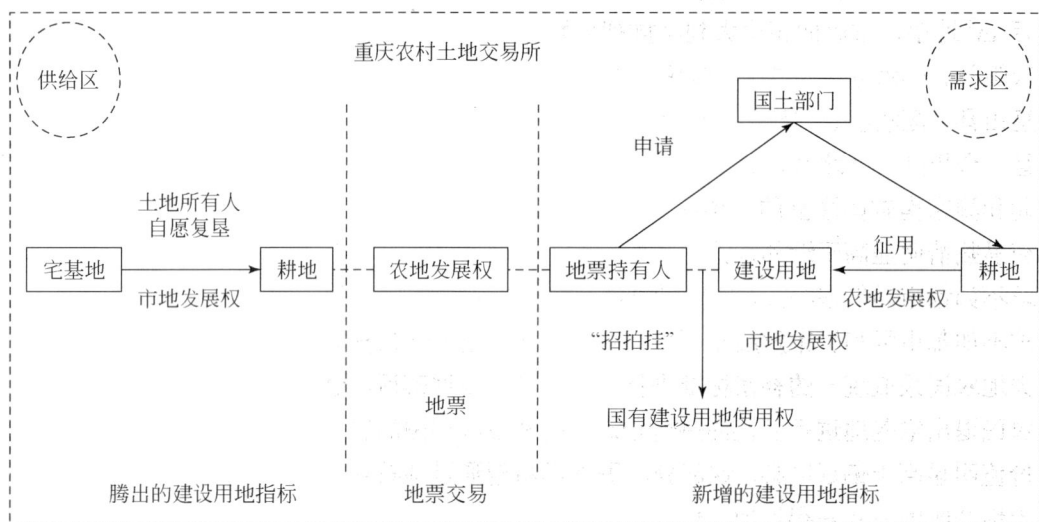

图 6.2　地票交易的发展权问题

6.2　地票的空间分布与核心-边缘模式

1966 年美国学者弗里德曼（J.R.Friedman）在 *Regional Development Policy* 一书中首次提出核心-边缘理论，用于揭示区域经济空间结构的演变模式。他认为某区域可分为以社会经济活动聚集区为代表的核心区和围绕该核心区并受其影响的边缘区。边缘区又可分为与核心区经济联系较为紧密且经济发展势头较快、环绕核心区的上过渡区，与核心区联系不紧密且发展停滞或衰落的下过渡区，多为偏远的农村地区，以及处于上下过渡区之间、对区域发展具有极大潜在价值的资源前沿区。虽然核心区与边缘区共同形成空间发展系统，但是在区域经济发展中存在着不对等的空间发展关系，主要是核心区处于支配地位。由于重庆地票主要在城镇发达地区与乡村落后地区之间流通，在区域空间经济结构上形成了以城市为拉力，农村为推力及其相互作用为主导的区域发展动力机制，而且地票交易通过市场化的运作机制促成了城乡间的良性互动，以地票为生产要素、市场为渠道、价格机制为手段，使城乡资源在彼此间得到优化配置，实现城乡一体化发展，所以可以通过核心-边缘模式解释地票在空间上的转移原理。

6.2.1　地票空间分布

1. 地票来源空间分布

农村土地交易所的统计数据显示，截至 2015 年年底共有 30 个区县提供了约 11 047.2 万 m^2 地票，按照面积由大到小排列分别是万州区、黔江区、秀山县、开县、江津区、云阳县、彭水县、忠县、涪陵区、铜梁县、城口县、綦江区、奉节县、石柱县、梁平县、巫山县、巫溪县、垫江县、潼南县、巴南区、荣昌县、武隆县、酉阳县、南川区、璧山县、合川区、渝北区、北碚区、九龙坡区、永川区，其中，来自距离都市区较远的渝东北和渝东南贫困区县的地票占比达到了 74.69%，从地票来源情况可以看出远郊区县的交易热情明显高于近郊区县，如图 6.3 所示。这一方面是因为渝东北和渝东南的发展需求不如都市功能核心区、都市功能拓展区、城市发展新区强烈，相应地对建设用地的需求不如都市区和城市发展新区旺盛；另一方面是由于农村土地交易所采取打包交易后对失地农民采取统一的补偿标准进行赔偿，经济发展落后，地理位置相对偏远的贫困地区农民退出宅基地进行复垦的热情较高，而都市区周围的农民由于自己的区位优势，土地价值明显高于偏远区县，这部分农民并不希望通过地票获得退地补偿，他们更希望通过土地征收的方式获得退补偿。

地票来源74.69%(贫困区县)			
区县名称	地理位置	地票面积/m²	百分比/%
万州区	渝东北	11 482 926	10.39
黔江区	渝东南	8 715 175	7.89
秀山县	渝东南	8 321 626	7.53
开县	渝东北	7 763 422	7.03
云阳县	渝东北	7 559 917	6.84
彭水县	渝东南	6 172 014	5.59
忠县	渝东北	5 545 526	5.02
涪陵区	城市发展新区	5 066 267	4.59
城口县	渝东北	4 687 137	4.24
奉节县	渝东北	3 350 657	3.03
石柱县	渝东南	2 747 708	2.49
巫山县	渝东北	2 540 354	2.30
巫溪县	渝东北	2 759 312	2.50
潼南县	城市发展新区	2 072 835	1.88
武隆县	渝东南	1 548 826	1.40
酉阳县	渝东南	1 223 739	1.11
南川区	城市发展新区	956419	0.87

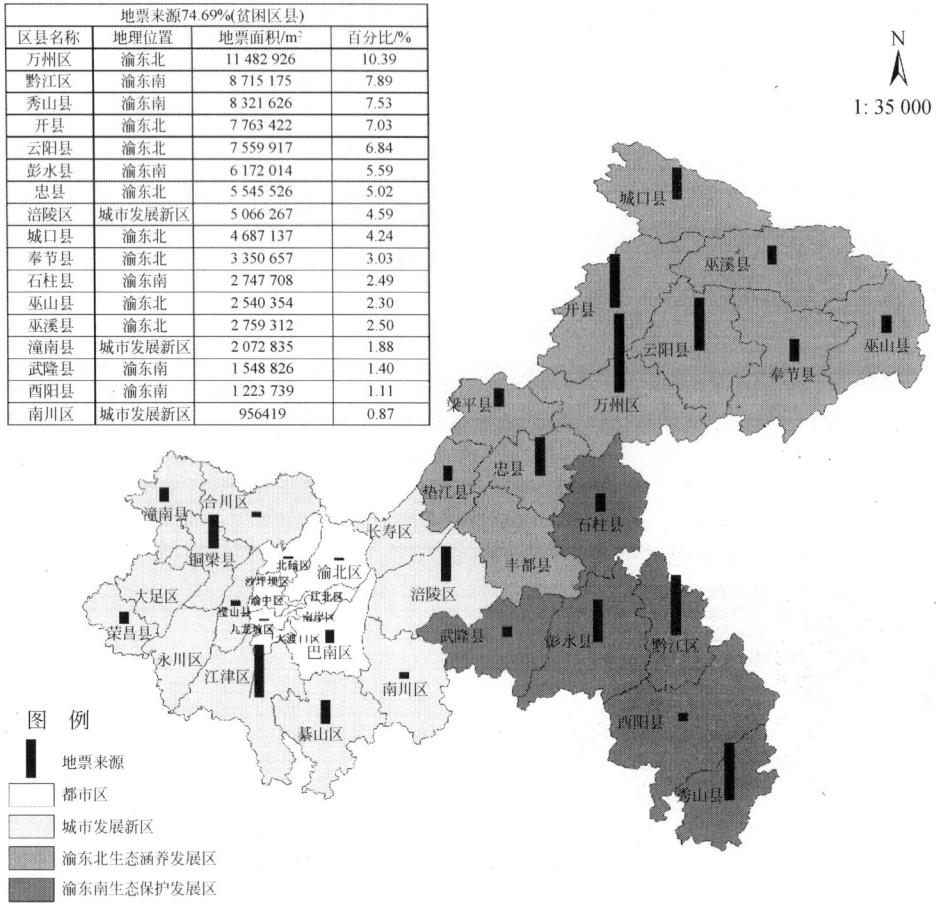

图 6.3　地票来源空间分布图

2. 地票落地空间分布

重庆农村土地交易所的统计数据显示，截至 2015 年 12 月 10 日累计 660 宗，约 7732.93 万 m² 地票实现落地，落地率接近 70%。开发商在申请地票落地时并没有地域的约束，只要满足相关规定完成手续办理后即可实现落地。从目前的落地情况看，都市功能核心区和都市功能拓展区是地票落地的核心区域，占比达到 68.8%，其次分别是城市发展新区的 27.82%、渝东北的 2.32% 和渝东南的 1.05%，从地票的落地情况可以看出，都市区与城市发展新区是地票落地的热点区域，尤以都市区为地票落地最集中的区域。相对来讲，渝东北、渝东南地区地票落地面积较少，且落地区域也主要是城镇及其周围，如图 6.4 所示。这主要是由于地票在社会经济较发达的地区落地后会有较大的经济利益回报，这就导致了这些地区的地票落地热情相对较高。另外，暂行办法规定地票落地时可冲抵耕地开垦费和新增建设用地有偿使用费，都市区的可冲抵"两费"多于越偏远区县的可冲抵"两费"，达到每亩约 7.33 万元，因此，从可冲抵"两费"的角度看，地票持有人会更倾向于在都市区及其周围地区实现地票落地。

地票落地		
区域	落地面积/m²	百分比/%
都市区	53 204 910.00	68.80
城市发展新区	21 516 453.00	27.82
渝东北生态涵养发展区	1 794 348 .00	2.32
渝东南生态保护发展区	8 13 611.00	1.05

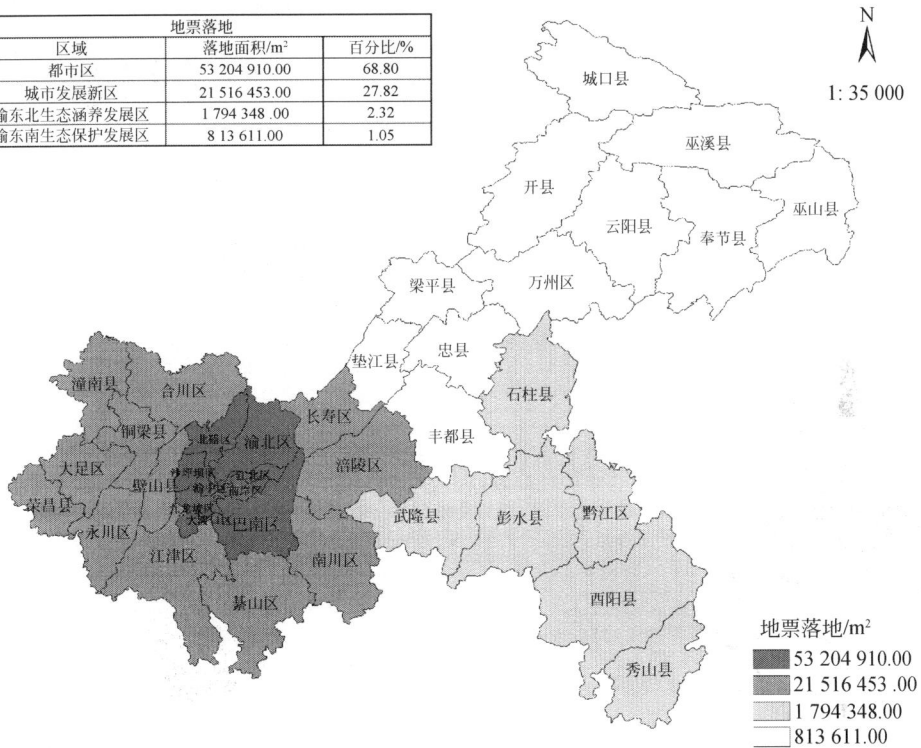

图 6.4　地票落地空间分布图

6.2.2　地票来源区与落地区的核心-边缘结构

　　地票的空间分布情况可看出地票主要来源于社会经济发展落后、地处偏远的农村贫困地区，地票主要落地于社会经济发展发达、地处都市区及其周围的城市地区。地票是土地发展权空间转移的载体，通过地票交易，城市地区获得了土地发展权，获得了额外的城镇建设用地指标予以开发。因此，可以认为都市区及其近郊的城市发展新区是核心区，偏远的农村贫困地区是边缘区，边缘区通过地票的供给给予了核心区发展的支持，而核心区通过经济手段补偿了失地农民乃至农村集体经济组织，但今后较长一段时间内核心区仍然是城市发展的热点区域，核心区与边缘区将仍然存在着不对等的空间发展关系。所以可以把地票转移的核心-边缘模式概括为，地票来源于边缘区的远郊区县宅基地，通过地票交易后落地于都市区现状城镇用地及允许建成区和近郊区地块，如图 6.5 所示。

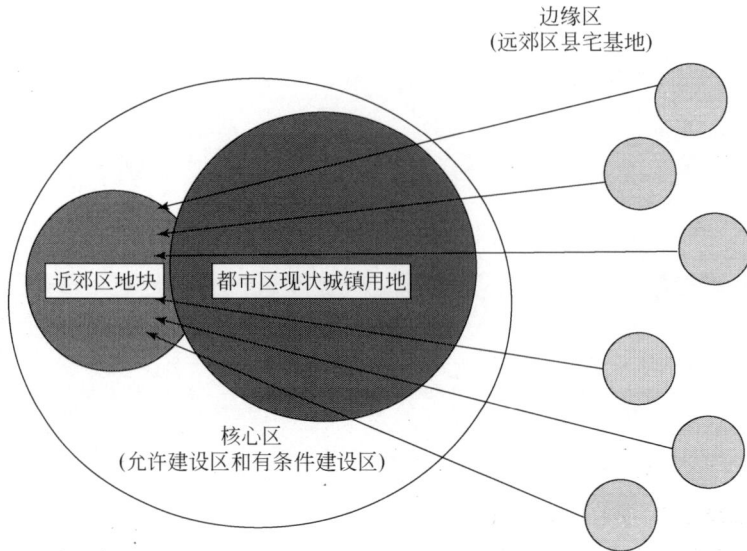

图 6.5　地票来源区与落地区的核心-边缘结构图

6.3　地票转移中的土地级差地租变化

马克思在地租理论中根据产生条件把级差地租分成了级差地租Ⅰ和级差地租Ⅱ，级差地租Ⅰ是投资在不同肥沃程度和位置上的土地后所获得的超额利润，级差地租Ⅱ是在同一块土地上连续追加投资，由于劳动生产率不同所获得的超额利润，级差地租Ⅰ是级差地租Ⅱ形成的基础。地票作为一种特殊的土地要素，首先通过空间转移，它的级差地租Ⅰ发生了改变。由于核心区具有更好的交通条件、更大的消费规模、更好的商业环境等条件，使得核心区的土地获得了边缘区土地在区位上不能比拟的优越条件，地票持有人将获得更高的超额利润，即由级差地租Ⅰ转化而来。另外，地票持有人发现地票落地区发展前景良好而继续在同一地块追加投资以获得更多的超额利润，即由级差地租Ⅱ转化而来，如图 6.6（a）所示。马克思认为级差地租是土地所有权在经济上的表现形式，由于前面分析过地票落地就是对土地发展权的购买，所以地票空间转移中土地级差地租是土地发展权在经济上的表现形式，如图 6.6（b）所示。

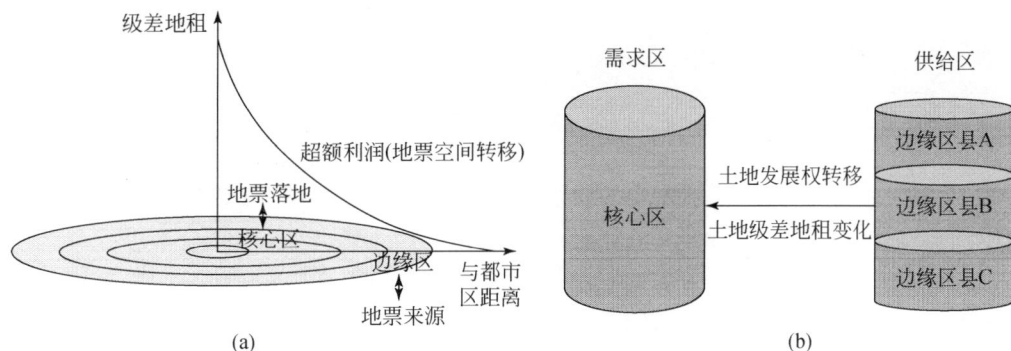

图 6.6　地票空间转移中的土地级差地租变化图

6.4　本 章 小 结

通过对土地发展权转移机制的分析，发现地票交易是土地发展权转移的另一种模式，其交易本质是农地发展权转移。地票主要来源于渝东北和渝东南的偏远贫困地区，即边缘区，而落地于经济较发达的都市区及其周围城市发展新区，即核心区，地票空间分布具有核心-边缘结构。地票从边缘区转移到核心区，地理位置的改变使土地级差地租Ⅰ得到提高，由于投资环境的优越性，对地票落地区域持续追加投资使土地级差地租Ⅱ得到提高。

然而，地票作为新增建设用地指标从边缘区置换到核心区，虽然土地级差地租得到提升，但是边缘区并没有因为提供建设用地指标而获得指标倾斜或者利益补偿，未来边缘区发展将面临缺指标的情况，边缘区向核心区不断提供地票将在未来面临无指标可用的情况，其自身权益受到损害，这将导致重庆的核心-边缘效应更加突出，核心区与边缘区的发展差距越拉越大。

由于获得国有建设用地使用权是购买的农地发展权与通过"招拍挂"获得的市地发展权的结合，所以这期间发生了产权变化。但土地发展权的法规缺失将导致对发展权的利益赔偿核算不合理。虽然目前对复垦农民和被征地农民的补偿可以看作发展权受到抑制的赔偿，但相比发展权益而言，这一补偿仍然偏低。

第7章 地票风险识别

自 2008 年年底实施地票制度以来，地票在实现城乡土地要素配置、拓宽农民增收渠道、创新城乡土地交易平台等方面发挥了积极作用。但是，地票制度不成熟导致诸如农民主体地位缺失、"打包"交易方式导致寻租、农民补偿不合理与不到位、耕地"占补平衡"实施不到位等风险逐渐显现。地票作为重庆统筹城乡综合配套改革试验区的重要举措，其重要性不言而喻，因此，对重庆地票进行风险识别就显得尤为重要。地票风险识别是指在风险点分析和归类基础上，对其进行量化和评估，进而识别地票风险等级。

7.1 地票风险点识别

7.1.1 风险点识别原理

风险点识别指在风险事故发生之前，人们应用各种方法系统地、客观地认识所面临的各种风险，以及分析风险事故发生的潜在原因。风险点识别过程包含感知风险和分析风险两个环节。感知风险指掌握各种客观存在的以及潜在的风险点，只有通过感知风险，才能对风险进行详细分析，找出风险点，所以感知风险是分析风险的基础。对风险的感知过程遵循系统性和潜在性原则，基于第 4～6 章分别从行为主体维度、经济维度、空间维度对重庆地票运行机理进行研究，找出贯穿于地票运行过程中客观存在的以及潜在的风险点。在此基础上，分析风险点存在的原因和导致的后果（图 7.1）。

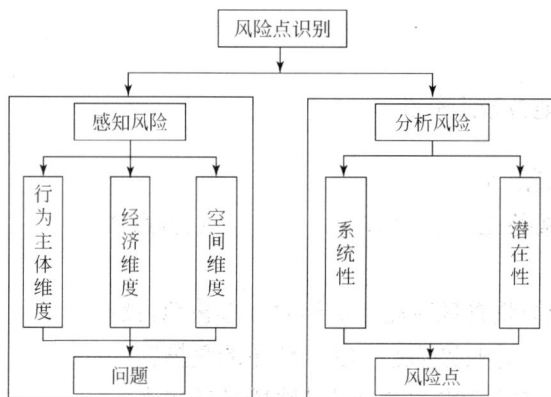

图 7.1 重庆地票风险点识别原理图

7.1.2　行为主体维度下的地票风险点分析

1. 复垦农民与地方政府的关系

复垦农民社会保障部分缺失。复垦农民和被征地农民与地方政府的政策冲突点都可总结为补偿。由于复垦农民的土地地处偏远地区，自己常年在外务工，导致农村房屋空闲和废置，他们愿意将自己的土地以获得经济补偿的方式合理退出。一些复垦农民只知道宅基地复垦为耕地后会得到一定的经济补偿，却不知道宅基地作为基本的生存资料，以后可能还会需要宅基地。另外，由于当前补偿中对土地发展权价值的赔偿有所欠缺，导致复垦农民社会保障部分缺失。

2. 被征地农民与地方政府的关系

少量征地矛盾。被征地农民往往被告知是为了公共利益需要而被征地。基于土地级差地租的优越性，少数被征地农民对补偿的预期超过了实际补偿，导致征地矛盾的出现。

补偿行政纠纷。当少数被征地农民认为补偿不合理时会采取行政诉讼的方法维护自身权益，比如起诉地方政府的土地行政主管部门。

3. 开发商与地方政府的关系

地票持有人拿地不成功。在之前的分析中提到了获得地票持有人还需要经过"招拍挂"的方式获得国有建设用地土地使用权，中小型开发商或个人相较于土地储备机构，投融资平台和园区建设单位等有特殊背景的单位而言其承受的落地风险明显较大，为了降低落地不成功带来的损失，开发商可能采取先落地再补买地票的策略。

4. 中央政府与地方政府的关系

"撂荒"导致耕地质量下降。由于地票来源地多为地处偏远的农村地区，农村劳动力绝大多数都进城务工，导致农村建设用地复垦后"撂荒"现象严重，耕地质量下降。

缺乏有效的耕地质量管理手段。虽然对复垦耕地日后质量管理有明文规定，但执行效果并不理想，尤其是对地势偏远、零散分布的复垦耕地而言。现阶段缺乏的是灵活的质量管理机制，例如奖惩措施，在加强耕地质量动态监测的同时对耕地质量维护较好的农民或者农村集体经济组织予以现金奖励，否则予以罚款或调减复垦规模，间接加大对复垦耕地的保护力度。

耕地"占补不平衡"。农村建设用地复垦的宅基地多为农村地区零散、质量不好的土地，而地票落地区土地质量多数较好，出现"占优补劣"的情况，导致耕地"占补不平衡"。

土地性质变更未登记给土地管理带来不便。加快地票落地将导致国有建设用地和农村集体建设用地的总量在短时期内分别发生了变化，前者增加，后者减少，如果未准确及时地进行土地用途的变更登记，将给城乡建设用地的空间分布监管带来压力，存在监管缺失的情况。

地票落地规模在时空上的不确定性对土地利用总体规划的冲击。地票作为具有补充性质的建设用地指标，落地规模具有灵活性的特点，地票在一段时期内集中落地，落地规模的监管缺失让城市在规划期内使用的建设用地总量有突破早期颁布实施的土地利用总体规划中对规划期内新增建设用地利用总量限制的可能性，这将对土地利用总体规划对土地利用的调控产生不利影响。

土地供应量的增加与周围配套设施滞后。由于地票多用于房地产开发，且大多位于城市近郊区。加快地票落地意味着大量居民的入住，而近郊区的配套实施还有待完善，这给居民生活带来不便。

地票落地与产业规划进行有效衔接的法规缺失。产业发展规划确定了城市产业结构调整与空间分布。但地票落地区域的随机性以及经营性建设用地的落地性质将与已经确定的城市产业结构空间分布发生冲突，面临空间规划失效的可能。

7.1.3 经济维度下的地票风险点分析

从市场运作角度分析地票供给与需求曲线的类型和作用方式，并从地票交易方式和交易价格变动的分析中识别出了存在的风险。

1. 地票交易方式

中小型开发商或个人利益保障的法规缺失。小型开发商或个人在参与地票竞拍中由于经济实力较弱，无论是在地票"打包"面积较大或者较小时都处于劣势地位，不仅损害了该群体的利益，也有悖于公平竞争的原则。

地票价格波动导致复垦农民补偿差异。地票补偿不同于国家征地补偿，它具有自己市场化的特点，不同交易场次下地票产生的溢价不尽相同。导致各个利益主体在涉及利益分配时面临地域相同或地票面积相同但所得补偿不相同的情况。

地票交易推高房价。当地票成交价格偏高时，开发商为了降低开发成本弥补损失而提高房价。

2. 地票价值降低，价格下降

地票和国家下达指标两种拿地方式的法律监管缺失。虽然重庆市国土局在《重庆市国土房管局关于进一步做好地票改革工作的通知》（渝国土房管发[2015]587 号）中规定扩大地票的适用范围，主要适用于都市区的新增经营性建设用地，城市发展新区中心城区及重点镇，渝东北，渝东南的中心城区，其他有条件的允许建成区等地类。但由于法规对通过地票拿地和通过国家下达指标拿地的土地用途界限不够具体和详细且缺乏有效监管，使开发商在国家下达指标用不完，且需要降低自己的投资成本时会选择无偿获得的国家下达指标，而非地票，导致地票市场价值降低，价格下降。

地票落地范围较窄。地票落地的土地性质被局限于经营性建设用地阻碍了通过地票弥补其他用地类型的建设用地指标缺口，导致地票市场价值降低，价格下降。

3. 空间维度下的地票风险点分析

核心区和边缘区的发展越发失衡。地票来源区县给地票落地区提供了建设用地指标，但并没有获得额外的指标或利益补偿，边缘区县甚至还需要高价买进地票以弥补指标缺口，建设用地指标缺乏将抑制自身发展。另外，地票落地区域也主要是核心区，边缘区很少有地票落地，这也导致城市发展产生的经济效应仍然集中在核心区，核心区与边缘区的发展差距越来越大。此过程中边缘区县的发展权益受到损害，核心-边缘的空间发展特征更加突出。

对土地发展权的法规缺失。由于目前法律对农地发展权乃至市地发展权的价格估量缺失，导致在利益分配时不管是复垦农民还是被征地农民，他们获得的补偿与开发商或企业通过购买农地发展权和市地发展权后开发土地获得的收益相比都非常小，但是开发商或企业获得巨额收益的前提是购买农地发展权和市地发展权，是农民把发展权的权利让给了开发商或企业。现实中对农民的补偿可看作对其发展权让渡的补偿，但是补偿过低，土地发展权利益并未充分得到保障。

4. 风险点归类

根据 7.1.1～7.1.3 小节对风险点的内容分析，可将所列风险点分别归类到六大风险因素中，分别为耕地质量风险、权益保障风险、房地产市场风险、土地资源风险、法律制度风险和地票落地风险，归类结果如图 7.2～图 7.4 所示。

风险点	归类	风险因素
复垦农民社会保障部分缺失	→	权益保障风险
补偿行政纠纷	→	权益保障风险
少量征地矛盾	→	土地资源风险
地票持有人拿地不成功	→	地票落地风险
"撂荒"导致耕地质量下降	→	耕地质量风险
缺乏有效的耕地质量管理手段	→	耕地质量风险
耕地质量"占补不平衡"	→	耕地质量风险
土地性质变更未登记给土地管理带来不便	→	土地资源风险
地票落地规模在时空上不确定性对土地利用总体规划的冲击	→	土地资源风险
土地供应量的增加与周围配套设施滞后	→	房地产市场风险
地票落地与产业规划进行有效衔接的法规缺失	→	法律制度风险

（左侧竖排文字：行为主体维度下的地票风险点归类）

图 7.2　行为主体维度研究下的地票风险点归类图

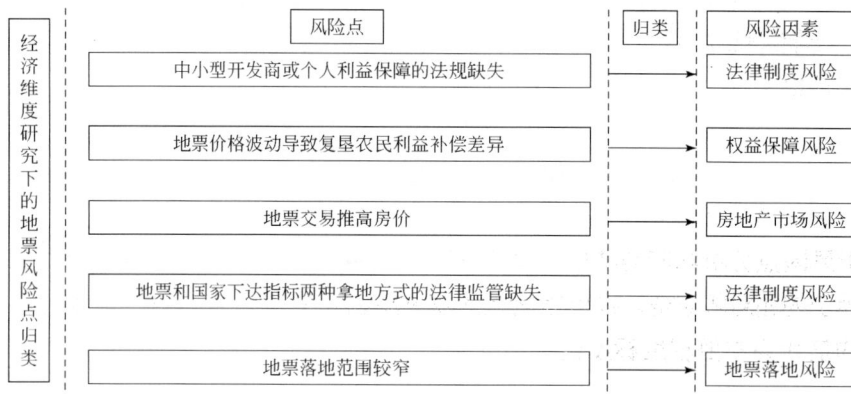

风险点	归类	风险因素
中小型开发商或个人利益保障的法规缺失	→	法律制度风险
地票价格波动导致复垦农民利益补偿差异	→	权益保障风险
地票交易推高房价	→	房地产市场风险
地票和国家下达指标两种拿地方式的法律监管缺失	→	法律制度风险
地票落地范围较窄	→	地票落地风险

（左侧竖排文字：经济维度研究下的地票风险点归类）

图 7.3　经济维度研究下的地票风险点归类图

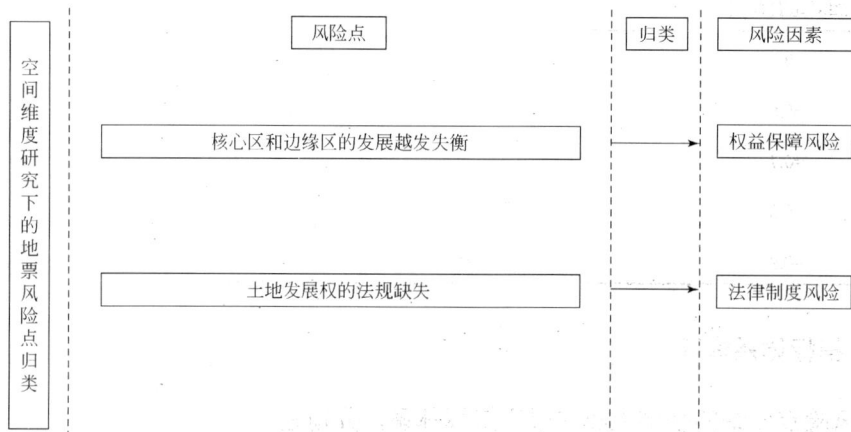

风险点	归类	风险因素
核心区和边缘区的发展越发失衡	→	权益保障风险
土地发展权的法规缺失	→	法律制度风险

（左侧竖排文字：空间维度研究下的地票风险点归类）

图 7.4　空间维度研究下的地票风险点归类图

7.2　地票风险评估与防范

目前，文献中对地票风险因素和风险因子的权重确定多采用层次分析法（AHP），对风险因素和风险因子的风险值确定多采用模糊分析法，最后由层次分析法与模糊分析法相结合组成的综合评价法确定地票风险等级（蒋萍，2012；钟杨和李颖颖，2014）。为了排除层次分析法中判断矩阵一致性检验繁琐、缺乏可信度的缺点（吕跃进，2002；刑岩，2007），本研究采用模糊层次分析法（FAHP）中通过构建模糊一致矩阵的方法确定权重。一般的模糊分析法只给出专家的模糊评价结果，集值统计法在模糊性评估的指标估算中不仅给出评价结果，还可以处理不确切的判断，减少专家判断中的随机误差并给出置信度，集值统计在公共政策风险评价中得到广泛应用。之所以说地票也可认为是一项公共政策，是因为地票是由政府推出的，以实现城乡统筹发展、实现公共利益。因此，本研究采用集值统计法确定风险值，采用模糊层次分析法和集值统计法组成的综合评价法确定地票风险等级。选定 10 位专家按照相互独立、互不交流的原则分别给出模糊层次分析法中指标间的重要程度标度值和集值统计法中指标的风险概率区间估计值。

7.2.1　风险指标体系与权重确立

基于风险点分析和归类结果构建地票风险指标体系，通过模糊层次分析法求出地票制度风险因子的相对权重值。风险因素之间及风险因子之间的重要程度标度值参考表 7.1，并将平均值作为重要程度标度值。

表 7.1　0.5～0.9 数量标度法表

相对重要程度	定义	解释
=0.5	同等重要	指标 i 和指标 j 同样重要
=0.6	略微重要	指标 i 比指标 j 略微重要
=0.7	相当重要	指标 i 比指标 j 重要
=0.8	明显重要	指标 i 比指标 j 明显重要
=0.9	绝对重要	指标 i 比指标 j 绝对重要

1. 指标体系构建

在风险点归纳的基础上建立层次指标体系，分别是目标层、风险因素层、风险因子层，如图 7.5 所示。

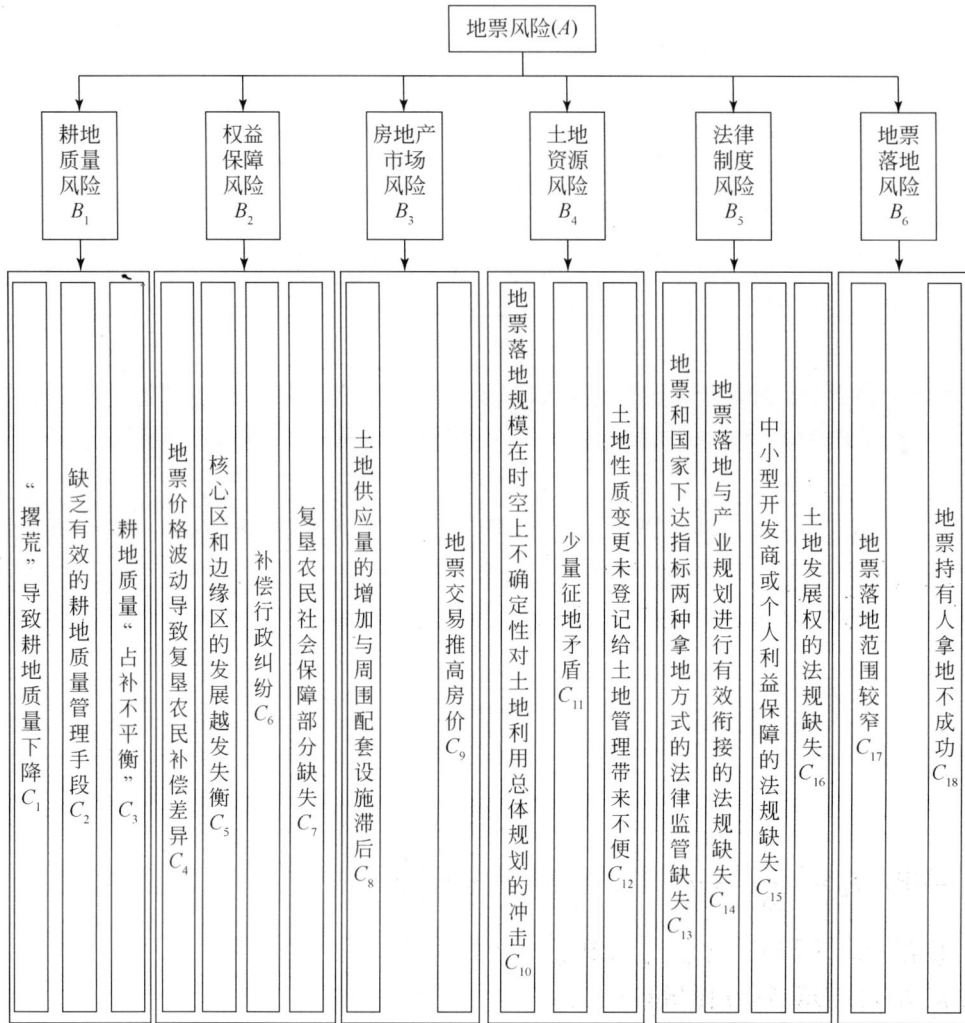

图 7.5 地票风险层次结构图

2. 指标权重确定

模糊层次分析法确定指标权重的理论步骤。

1) 构建模糊互补矩阵

该矩阵是确定某一个指标相对于上一层次指标的重要性，采用 0.1～0.9 数量标度法来描述指标相对上一层次指标的重要程度，且有关系式：

$$a_{ij} + a_{ji} = 1 \tag{7.1}$$

说明：表示指标和指标相对重要度比的标度值。0.1～0.9 数量标度法表，=0.1、0.2、

0.3、0.4 为相反评价。在前文建立的评价体系表中对准则层相对目标层（*A-B*）和指标层相对准则层（*B-C*）分别构造模糊互补矩阵。

$$
\begin{pmatrix}
A & a_1 & a_2 & a_3 & \cdots & a_n \\
a_1 & a_{11} & a_{12} & a_{13} & \cdots & a_{1n} \\
a_2 & a_{21} & a_{22} & a_{23} & \cdots & a_{2n} \\
a_3 & a_{31} & a_{32} & a_{33} & \cdots & a_{3n} \\
\vdots & \vdots & \vdots & \vdots & & \vdots \\
a_n & a_{n1} & a_{n2} & a_{n3} & \cdots & a_{nn}
\end{pmatrix}
$$

模糊互补矩阵 A

2）模糊互补矩阵转为模糊一致矩阵 **H**

$$
\begin{pmatrix}
H & h_1 & h_2 & h_3 & \cdots & h_n \\
h_1 & h_{11} & h_{12} & h_{13} & \cdots & h_{1n} \\
h_2 & h_{21} & h_{22} & h_{23} & \cdots & h_{2n} \\
h_3 & h_{31} & h_{32} & h_{33} & \cdots & h_{3n} \\
\vdots & \vdots & \vdots & \vdots & & \vdots \\
h_n & h_{n1} & h_{n2} & h_{n3} & \cdots & h_{nn}
\end{pmatrix}
$$

模糊一致矩阵 H

其中，$h_{ij} = \dfrac{a_i - a_j}{2n} + 0.5$，$a_i = \sum_{i=1}^{n} a_{ij}$，$a_j = \sum_{j=1}^{n} a_{ij}$，$(i,\ j=1,\ 2,\ \ldots,\ n)$ （7.2）

模糊一致矩阵 $\boldsymbol{H} = (h_{ij})_{n\times n}$ 当中 $r_{ij} = 0.5$，说明元素 i 与元素 j 是同样重要的，即 $0 \leqslant h_{ij} \leqslant 0.5$ 表示指标 j 比指标 i 重要，并且 h_{ij} 越小，指标 j 比指标 i 越重要，$0.5 \leqslant h_{ij} \leqslant 1$ 表示指标 i 比指标 j 重要，并且 h_{ij} 越大，指标 i 比指标 j 更重要。

3）权重计算

根据模糊层次分析法权重排序公式，即单层次指标权重式（7.3）计算权重。风险因子层对目标层的权重值则是风险因子层对风险因素层权重值与风险因素层对目标层权重值相乘得到，称为组合权重。

$$
w_i = \frac{1}{n} - \frac{1}{2a} + \frac{1}{na} \sum_{j=1}^{n} h_{ij} \tag{7.3}
$$

说明：$a \geqslant (n-1)/2$，i、j 为正整数；由于阶数较少，所以取 $a = (n-1)/2$（吕跃进，2002）。

4）权重计算结果

10 位专家根据表 7.1 的原则给出模糊互补矩阵的重要程度标度值，如表 7.2～表 7.8 所示，根据式（7.3）计算出的权重结果见表 7.9～表 7.10。

表 7.2　模糊互补矩阵（*A-B*）

A	B_1	B_2	B_3	B_4	B_5	B_6
B_1	0.5	0.8	0.7	0.9	0.9	0.9
B_2	0.2	0.5	0.7	0.7	0.6	0.9
B_3	0.3	0.3	0.5	0.7	0.6	0.7
B_4	0.1	0.3	0.3	0.5	0.8	0.8
B_5	0.1	0.4	0.4	0.2	0.5	0.9
B_6	0.1	0.1	0.3	0.2	0.1	0.5

表 7.3　模糊互补矩阵（*B₁-C*）

B_1	C_1	C_2	C_3
C_1	0.5	0.8	0.3
C_2	0.2	0.5	0.3
C_3	0.7	0.7	0.5

表 7.4　模糊互补矩阵（*B₂-C*）

B_2	C_4	C_5	C_6	C_7
C_4	0.5	0.3	0.2	0.4
C_5	0.7	0.5	0.2	0.2
C_6	0.8	0.8	0.5	0.3
C_7	0.6	0.8	0.7	0.5

表 7.5　模糊互补矩阵（*B₃-C*）

B_3	C_8	C_9
C_8	0.5	0.3
C_9	0.7	0.5

表 7.6　模糊互补矩阵（B_4-C）

B_4	C_{10}	C_{11}	C_{12}
C_{10}	0.5	0.1	0.1
C_{11}	0.9	0.5	0.7
C_{12}	0.9	0.3	0.5

表 7.7　模糊互补矩阵（B_5-C）

B_5	C_{13}	C_{14}	C_{15}	C_{16}
C_{13}	0.5	0.8	0.7	0.6
C_{14}	0.2	0.5	0.7	0.8
C_{15}	0.3	0.3	0.5	0.8
C_{16}	0.4	0.2	0.2	0.5

表 7.8　模糊互补矩阵（B_6-C）

B_6	C_{17}	C_{18}
C_{17}	0.5	0.3
C_{18}	0.7	0.5

表 7.9　风险因素层权重表

层次	B_1	B_2	B_3	B_4	B_5	B_6
A	0.2233	0.1865	0.1701	0.1600	0.1500	0.1101

表 7.10　风险点层权重表

层次	B_1	B_2	B_3	B_4	B_5	B_6	A（组合权重）
C_1	0.350	0	0	0	0	0	0.0782
C_2	0.250	0	0	0	0	0	0.0558
C_3	0.400	0	0	0	0	0	0.0893
C_4	0	0.200	0	0	0	0	0.0373
C_5	0	0.220	0	0	0	0	0.0410
C_6	0	0.280	0	0	0	0	0.0522
C_7	0	0.300	0	0	0	0	0.0560

层次	B_1	B_2	B_3	B_4	B_5	B_6	A（组合权重）
C_8	0	0	0.400	0	0	0	0.0680
C_9	0	0	0.600	0	0	0	0.1021
C_{10}	0	0	0	0.200	0	0	0.0320
C_{11}	0	0	0	0.435	0	0	0.0696
C_{12}	0	0	0	0.365	0	0	0.0584
C_{13}	0	0	0	0	0.300	0	0.0450
C_{14}	0	0	0	0	0.270	0	0.0405
C_{15}	0	0	0	0	0.240	0	0.0360
C_{16}	0	0	0	0	0.190	0	0.0285
C_{17}	0	0	0	0	0	0.400	0.0440
C_{18}	0	0	0	0	0	0.600	0.0661

7.2.2 风险因子概率估计——集值统计

根据地票风险层次结构图（图7.5），10位专家根据风险概率发生说明（表7.11）对每个风险因子的发生概率给出区间估计值，应用集值统计方法计算出风险因子的发生概率统计值。

1. 因素统计值处理

假设有 n 个专家，每位专家对项目风险概率发生的大小是一个区间估计值，记为 $\left[p_1^k, p_2^k\right]$（$k$ 表示第 k 位专家），可以得到一个集值统计序列 $\left[p_1^1, p_2^1\right] \left[p_1^2, p_2^2\right] \cdots \cdots \left[p_1^n, p_2^n\right]$，将这 n 个区间估计值叠加在一起形成了覆盖在概率轴上的一种分布，其表达式为

$$\bar{X}_p = \frac{1}{n}\sum_{k=1}^{n} x_{\left[p_1^k, p_2^k\right]}^{p} \tag{7.4}$$

其中，

$$x_{\left[p_1^k, p_2^k\right]}^{p} = \begin{cases} 1, & p_1^k \leqslant p \leqslant p_2^k \\ 0, & 其他 \end{cases} \tag{7.5}$$

$\bar{X}_p$ 被称为样本落影函数，也叫概率值的模糊覆盖频率。假设某风险因素概率估计值最小值为 $p_{\min}$，最大值为 $p_{\max}$，那么其风险因素的估计值为

$$\bar{p} = \int_{\min}^{\max} p\bar{X}(p)\mathrm{d}_p \Big/ \int_{\min}^{\max} \bar{X}(p)\mathrm{d}_p \tag{7.6}$$

由上式可以证明：

$$\int_{\min}^{\max} \overline{X}(p)\mathrm{d}_p = \frac{1}{n}\sum_{k-1}^{n}[p_2{}^k - p_1{}^k] \tag{7.7}$$

$$\int_{\min}^{\max} p\overline{X}(p)\mathrm{d}_p = \frac{1}{2n}\sum_{k-1}^{n}[(p_2{}^k)^2 - (p_1{}^k)^2] \tag{7.8}$$

由此可得

$$\overline{p} = \frac{1}{2}\sum_{k-1}^{n}[(p_2{}^k)^2 - (p_1{}^k)^2] / \sum_{k-1}^{n}[p_2{}^k - p_1{}^k] \tag{7.9}$$

2．集值统计可行性评价

集值统计不仅处理了不确定的判断，集中了多个专家的意见，而且还减少了专家判断中的随机误差，充分把握了专家的信息；当估计区间比较集中时，说明专家们对指标把握程度较高，可行性较高；否则，结论相反；专家们意见较为一致时，$\overline{X}_p$ 的形状较为"尖瘦"，当意见不一致时，其形状比较"扁平"。

令 $\overline{p}$ 的置信度 b_i 为专家判断可靠程度的度量值：

$$b_k = \frac{1}{1+g_k} \tag{7.10}$$

其中，

$$g_k = \int_{\min}^{\max}(p-\overline{p})^2\,\overline{p}(u) / \int_{\min}^{\max}\overline{X}(p)\mathrm{d}_p \tag{7.11}$$

由此可以证明：

$$g_k = \frac{1}{3}\sum_{k-1}^{n}[(p_2{}^k - \overline{p})^3 - (p_1{}^k - \overline{p})^3] / \sum_{k-1}^{n}[p_2{}^k - p_1{}^k] \tag{7.12}$$

说明：g_k 越小，b_k 越大，表明专家判断可靠程度越大，反映了各专家对项目风险的把握程度也就较大；否则，各专家对项目的把握程度就越小。

3．集值统计结果

10 位专家根据表 7.11 给出风险概率区间估计值，并以此计算出结果，见表 7.12。

表 7.11　风险概率发生说明

概率范围/%	解释说明
0～10	极不可能发生
11～30	不太可能发生
31～60	可能在制度实施中期发生
61～90	很可能发生
91～100	极可能发生

表 7.12　风险点风险概率统计值

风险点	C_1	C_2	C_3	C_4	C_5	C_6	C_7	C_8	C_9
专家 1	[67，76]	[60，65]	[88，92]	[59，62]	[67，76]	[34，50]	[86，94]	[64，71]	[58，63]
专家 2	[60，80]	[55，60]	[90，95]	[58，65]	[63，68]	[40，43]	[94，98]	[34，57]	[45，56]
专家 3	[63，82]	[45，62]	[86，92]	[42，67]	[67，87]	[46，54]	[88，97]	[47，56]	[54，65]
专家 4	[65，80]	[60，78]	[94，98]	[52，55]	[60，64]	[39，56]	[90，96]	[50，62]	[57，62]
专家 5	[60，73]	[49，55]	[89，95]	[70，72]	[63，70]	[48，64]	[90，95]	[36，40]	[58，65]
专家 6	[67，81]	[58，62]	[88，92]	[58，62]	[61，63]	[31，36]	[84，89]	[41，48]	[58，62]
专家 7	[70，86]	[56，62]	[80，88]	[66，72]	[52，68]	[37，42]	[94，98]	[46，50]	[53，68]
专家 8	[67，83]	[63，72]	[86，92]	[43，59]	[57，64]	[36，50]	[85，90]	[51，56]	[61，71]
专家 9	[68，75]	[38，50]	[83，94]	[62，70]	[57，61]	[47，61]	[90，93]	[37，45]	[62，69]
专家 10	[63，70]	[52，55]	[92，97]	[64，73]	[50，69]	[42，58]	[85，95]	[53，59]	[66，68]
p	0.7223	0.5828	0.8991	0.5893	0.6557	0.4757	0.9128	0.499	0.6027
b	0.9969	0.9915	0.9985	0.9933	0.9933	0.9947	0.9988	0.9928	0.9965
w	0.0782	0.0558	0.0893	0.0373	0.041	0.0522	0.056	0.068	0.1021

风险点	C_{10}	C_{11}	C_{12}	C_{13}	C_{14}	C_{15}	C_{16}	C_{17}	C_{18}
专家 1	[50，53]	[55，58]	[45，50]	[86，94]	[29，35]	[58，63]	[67，72]	[70，88]	[90，93]
专家 2	[31，35]	[53，68]	[29，40]	[86，92]	[33，50]	[65，70]	[70，78]	[67，76]	[86，92]
专家 3	[46，48]	[68，72]	[36，43]	[90，93]	[38，46]	[58，75]	[74，86]	[70，74]	[91，95]
专家 4	[32，49]	[57，80]	[30，46]	[85，95]	[28，37]	[72，76]	[77，83]	[80，82]	[90，93]
专家 5	[30，42]	[69，78]	[34，56]	[87，94]	[38，47]	[68，76]	[74，78]	[68，77]	[91，92]
专家 6	[35，46]	[64，78]	[43，48]	[90，96]	[26，40]	[78，86]	[70，80]	[58，70]	[88，90]
专家 7	[32，44]	[68，74]	[36，48]	[92，97]	[35，40]	[64，80]	[66，85]	[78，83]	[85，93]
专家 8	[30，42]	[70，80]	[39，52]	[89，93]	[35，47]	[72，78]	[73，80]	[74，83]	[89，93]
专家 9	[31，42]	[71，79]	[41，53]	[83，88]	[27，36]	[58，67]	[73，88]	[67，76]	[87，96]
专家 10	[45，55]	[63，69]	[50，53]	[90，92]	[32，35]	[62，75]	[61，72]	[70，85]	[90，95]
p	0.3974	0.6898	0.4276	0.9046	0.3733	0.6982	0.77	0.7447	0.9081
b	0.9964	0.9956	0.9964	0.9991	0.9968	0.9958	0.9968	0.9961	0.9995
w	0.032	0.0696	0.0584	0.045	0.0405	0.036	0.0285	0.0440	0.0661

7.2.3　风　险　评　估

根据风险综合评价式（7.13）计算出地票风险因子风险值及综合风险值。综合风险值是在风险因子发生概率统计值的基础上乘以风险因子相对地票风险的重要程度值，并加权求和后得到，这样的综合评价结果会更加准确。其中，$<\overline{p_k}>$ 表示专家对第 k 个风险的风险值，w_k 表示第 k 个风险的权重，Z 表示综合风险值，Z 的范围在[0,1]之间，其值越大，表示风险越大，其值越小，表示风险越小。公共政策综合风险值评价标准见表 7.13（尹贻林和卢晶，2008）。

$$Z = \sum_{k=1}^{n} w_k \overline{p}_k \tag{7.13}$$

表 7.13　公共政策综合风险值分析表

综合风险值	0~0.3	0.3~0.6	0.6~1
风险等级	风险较低	风险中等	风险较高

通过加权求和得到 $Z = 0.6707$，因此，地票风险较高。为了提出风险规避措施，需找出主要风险，把风险值等于或大于平均值 $\overline{Z} = 0.0373$ 的风险因子看作主要风险。从图 7.6 中得出 7 个主要风险点，风险值从大到小排序为：①耕地"占补不平衡"（C_3）0.0803；②地票交易推高房价（C_9）0.0615；③地票持有人拿地不成功（C_{18}）0.0600；④"撂荒"导致耕地质量下降（C_1）0.0565；⑤复垦农民社会保障部分缺失（C_7）0.0511；⑥少量征地矛盾（C_{11}）0.0480；⑦地票和国家下达指标两种拿地方式的法律监管缺失（C_{13}）0.0407。

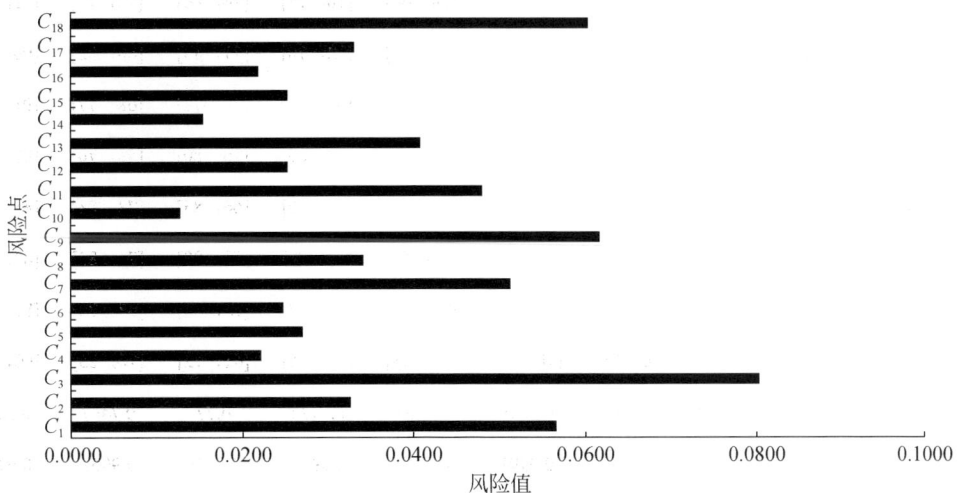

图 7.6　风险点风险值图

7.3 本 章 小 结

地票风险点可归类到耕地质量风险、权益保障风险、房地产市场风险、土地资源风险、法律制度风险和地票使用风险中，并通过构建集值-模糊层次模型对地票风险进行量化。

根据模型求出的地票风险值为 0.6707。主要风险是耕地"占补不平衡"（C_3）0.0803，地票交易推高房价（C_9）0.0615，地票持有人拿地不成功（C_{18}）0.0600，"撂荒"导致耕地质量下降（C_1）0.0565，复垦农民社会保障部分缺失（C_7）0.0511，少量征地矛盾（C_{11}）0.0480，地票和国家下达指标两种拿地方式的法律监管缺失（C_{13}）0.0407。由于地票风险较高，为了降低风险值，使风险处于可控范围内，在第 8 章 8.2 小节中从地票制度创新发展角度提出了针对主要风险的防范措施。

第8章　地票制度的发展研究

8.1　地票制度内涵再思考

8.1.1　原有内涵的挖掘

从地票的内涵来看，地票除了具有新增建设用地指标功能，还具有耕地占补平衡指标功能（凌成树和朱玉碧，2012）。除此之外，农房附着在宅基地之上，地票也可以有农房交易的功能。但目前的地票功能只用到其中的新增建设用地指标功能。因此，可以挖掘地票内涵，在近期内实施运行耕地保护发展权交易和农房交易，促进地票制度的可持续发展。

1）耕地保护发展权交易

各地在耕地的效益上有所差异：有的区域经济发展条件较好，面临保护耕地和建设发展的双重压力；有的地方经济发展状况一般，对建设用地的需求并不大，耕地资源充足。可以将耕地保护目标指标化后以票据形式体现和交易，耕地保有量不足的地方可通过地票形式在重庆农村土地交易所向耕地保有量富余的地方购买（黄美均和诸培新，2013）。

2）农房交易

目前，全国已有成都和河南省舞钢市小范围开展了农房交易试点。在成都一些区（市、县），农房已经被默许在本行政区域内自由交易，但其购买对象限定在本行政区域内的农民（李勇坚，2014）。长期以来，因为农村人口进城打工、搬迁、移民，农村早已经形成了一个农房交易的事实市场。但目前农房交易面临诸多法律和体制障碍。重庆"三权"（即农村土地承包经营权、农村居民房屋所有权、林权）抵押融资的做法，除了林权抵押外，农房抵押与承包地抵押都与《担保法》《物权法》《农村土地承包法》《土地管理法》等相冲突。例如，按照《物权法》的规定，房屋抵押必须房屋和土地一并抵押；而按照《土地管理法》，集体土地又不能抵押，但对集体土地上的房屋能不能抵押却没有规定。重庆也在做农房交易的试点，农村土地交易所可以参与到农房交易试点政策的制定中，明确交易的主体、客体、范围、流程等。

8.1.2　现有内涵的优化

根据地票现有的新增建设用地指标内涵，可以从以下方面对现有内涵进行优化，从而为地票可持续发展创造条件。

1）复垦耕地质量提升

守住 18 亿亩耕地红线，红线包括数量，也包括质量。在现有地票内涵中，对农村建设用地进行复垦成为耕地后，节余的建设用地指标用于交易这个流程符合中央对耕地保护高度重视的思路，其关键就在于复垦出来的耕地质量是否过硬。如果能完善复垦技术和复垦程序，优化复垦耕地质量，那么地票的现有内涵仍然有发展空间。

2）持证准入

重庆的地票使用可以仿效成都之前的做法，实行"持证准入"制度，它把地票作为一种"门票"，只有拥有地票，用地企业方能参加土地的"招拍挂"程序。因为成都的"持证准入"会哄抬地票的交易价格而被国家叫停，所以重庆如果实施"持证准入"，还应该对如何避免出现价格过高进行深入研究。

3）容积率调整

可以通过容积率置换的方式来增加地票的来源，如开发商想通过提高容积率来获得更高的利润，但是相关规划已经设置了其容积率，按此情况，企业可以通过获得地票的方式来提高容积率，以此来获得更高的利益；否则，不得提高容积率。

4）扩大交易范围

建立全国的地票交易中心，按照证券交易的模式，吸纳全国范围内能以地票形式显化的指标进行交易，作为地票交易的场所。当然在国家要求重庆地票封闭运行的政策条件下，要扩大交易范围难度很大，需要国家层面的支持。

8.1.3　原有内涵的拓展

中央城镇化工作会议中再次重申"严控增量，盘活存量，优化结构，提升效率，切实提高城镇建设用地集约化程度"。在集约利用城镇建设用地的目标下，可以对地票的原有内涵进行适当扩大，即城镇建设用地的地票化。

地票的原有内涵只涉及农村建设用地的复垦，不涉及城镇闲置或低效利用的土地。在城镇开发建设过程中，由于旧城改造、危房拆迁、工厂改制及规划和建设的调整，形成了大量的、零碎的、使用权人不统一的城镇建设用地，甚至出现了"城中村"。既然农村建设用地复垦产生的指标可以形成地票，那么同理，城镇旧城改造，废弃土地平整产生出来的可用城镇建设土地也可以形成地票。可以考虑将地票引入到城镇建设用地的内涵挖潜上来，来整合这些零散的土地，并进行整体开发。当然此地票不再是指向可以增加城镇建设用地的指标，而是直接代表可以进行建设的城镇建设用地的存量，将直接影响城镇建设土地的供应决定土地市场价格。此时，农村建设用地可以通过复垦来实现土地资源优化，而城镇建设用地也可以通过地票化来完成对零散地块的整合，对闲置土地的开发。如此城乡的建设土地在地票上形成一个可以拉通计算的平台，对城镇的建设和发展也是重要的制度创新（郭振杰和曹世海，2009）。

8.2 地票制度创新发展

8.2.1 地票制度创新发展要点分析

地票制度可持续发展的要点如下。一是地票制度建立的首要目的应得到实现，即保护耕地，尤其是耕地质量。二是维护地票供给主体和地票需求主体的利益，保障地票供给潜力和需求空间，保持市场交易活力与供需平衡。三是在前两项得到保障的基础上对地票内涵进行再挖掘，创新地票发展与交易机制。

从地票主要风险产生的影响分析与可持续发展的关系可以得出以下结论。第 7 章得到地票主要风险分别为耕地"占补不平衡"，地票交易推高房价，地票持有人拿地不成功，"撂荒"导致耕地质量下降，复垦农民社会保障部分缺失，少量征地矛盾，地票和国家下达指标两种拿地的法律监管缺失。从保障地票可持续发展的角度对主要风险进行分析发现，耕地"占补不平衡"和"撂荒"导致耕地质量下降属于保护耕地质量范畴。复垦农民社会保障缺失属于维护地票供给主体利益，保障地票供给潜力范畴。地票交易推高房价、地票持有人拿地不成功，地票和国家下达指标两种拿地的法律监管缺失，这三种风险是由地票打包交易方式和建设用地指标"双轨制"造成的。地票打包交易不仅容易排斥中小开发商参与竞购，影响地票交易价格，而且在地票持有人权利界定模糊需要承担地票落地流拍风险，地票二级交易市场尚未完全开放的情况下，损害了包括中小开发商在内的所有地票需求主体的利益，这都导致开发商对地票需求降低。地票和国家下达指标两种拿地的法律监管缺失造成了企业拿地逃"票"，开发商对地票需求降低。所以，从原因所导致的最终后果可以判断出这三种风险属于维护地票需求主体利益，保障地票需求空间范畴。对征地政策的冲击指的是城市郊区的农民针对失地补偿不满意间接影响政府未来征地的情况。它对地票落地的影响是持有地票的开发商向国土部门申请用地的地块时，由于无法完成土地征收和按照供地计划进行"招拍挂"公开出让造成开发商不能拍到看中的地，这损害了开发商的利益，导致开发商对地票需求降低，所以对征地政策的冲击属于维护地票需求主体利益，保障地票需求空间范畴。

上述分析表明降低地票主要风险的目的就是保护耕地及保障地票供给潜力和需求空间，以实现地票制度的创新和持续发展。而地票内涵进行再挖掘，创新地票发展与交易机制指今后不仅仅狭隘于单独的地票交易，而是应该创新地票化的交易模式，扩大地票适用范围，以另一种方式来实现地票制度的创新发展。

8.2.2　保障耕地质量，确保国家支持

1. 复垦耕地质量尚存在问题

地票制度设计的目的是在耕地有限的情况下，既能保障农民的生存，又能解决城市建设用地吃紧的问题。但是无论怎样创新，都要"坚持最严格的耕地保护制度"，建立基本农田保护补偿机制，确保耕地总量不减少、用途不改变、质量有提高。因此，如何保证地票所对应的复垦耕地质量过硬，成了地票交易制度设计最值得重视的问题。依照《重庆农村土地交易所管理暂行办法》（以下简称《暂行办法》）的规定，在核发地票前，区（县）国土资源部门按规定组织验收，合格后，按照重庆市土地复垦有关规定，向市国土资源部门申请确认并核发城乡建设用地挂钩指标凭证（地票），在验收复垦数量和质量环节上，目前仍沿用由行政部门全盘负责验收确认复垦耕地的做法。

在粮食安全的大背景下，如果新垦耕地重视面积占补平衡，忽视产量占补平衡，轻视品质占补平衡，有可能成为地票制度未来走向的主要制约因素。大量立地条件并不是很好的耕地进入交易，所占比例逐步增加，立地条件不佳的耕地面积和比例逐步增加，在短期内难以加强新垦耕地管理的背景下，耕地平均品质下降较快。如果粮食产量和品质不能解决，并且将会涉及未来人口增加后的粮食新增压力的应对，势必影响国家将地票制度推向更广大范围的决心和决策。地票制度健康发展的最大隐忧是能否不危及未来粮食增加的基础（池芳春，2013）。

另外，如何保证复垦土地不抛荒，也是地票交易制度现时没有解决的问题。土地管理部门虽然设立了土地复垦档案，但被复垦的土地的承包权仍旧归宅基地主人所有，这些宅基地主人大多数在城市务工经商，不会去耕种经营这些土地，又舍不得流转，这样就会导致抛荒（易可君，2011）。

2. 多渠道保证耕地质量

地票制度的创新之处就在于"先造后占"，看似不存在农地减少的可能性，但是农地复垦的质量如何保证、如何保证复垦农地不挪作他用却是一个棘手的问题（陈璞和董广绪，2010）。按照《暂行办法》规定，复垦活动形成的耕地仍归原使用权人继续经营，

复垦耕地验收工作则由政府全盘掌握。而原使用权人则可能因为各种原因不谙农业经营，或者私自将其转为建设用地，或者因为举家迁入城镇而抛荒耕地，使耕地的数量、质量都面临考验。如果不能很好地解决这些问题，地票制度可能造成农地质量下降，农地实质性"减少"的外部性问题。

第一，要严格农村建设用地复垦和整理的质量验收。上级土地管理与土地监察部门要深入农村建设用地复垦的田间地头，实地考察复垦土地的农业用途，考察土地整理与复垦的质量，并且分出耕地质量等级，将耕地质量等级与地票收益联系起来，质量等级高的拥有更多的地票收益或者奖励。

第二，土地管理与国土监察部门应该建立耕地占补平衡、农村建设用地复垦和整理的质量与实际占用农地、耕地的数量和质量的换算标准。例如，在复垦耕地的质量等级测算中，由于土壤质量指标是评价耕地质量等级的重要组成部分，所以在遵循主导性、稳定性、差异性的评价指标选择原则下，应尽量选择包括耕层厚度、土壤有机质含量、土壤 pH、地面坡度、排水条件等影响土壤质量的因素，切实做到复垦耕地的质量等级应不低于地票落地时被征用的耕地。另外，在地票产生环节应明确划定复垦耕地质量等级下限，对于达不到最低标准下限的耕地，减少原有的可交易指标面积。也就是说，占用优质耕地不仅仅是"占一补一"，很可能会是"占一补二"，以强化对优质耕地的保护。

第三，建立农村建设用地复垦后地力培育和养护基金制度，对农村建设用地复垦农用后的地力质量进行跟踪，用基金来维系其地力，直至在其地力稳定。

第四，转出"地票"的远郊区应该获得当地政府特殊的耕地保护基金，以促进这些远郊区农业经营的产业化和规模化经营。

第五，建立长效的复垦质量连续监督机制，通过引入复垦土地使用者等利益相关方以形成完整的激励约束机制。

第六，赋予农村集体经济组织复垦耕地的发包权和监督权，不仅可以有效保证复垦耕地的数量和质量，而且可以适当照顾集体的利益，在一定程度上缓解农村承包经营权长期不变与农村人口变化之间的矛盾，解决新增人口土地问题。

第七，成立专业的农地复垦机构。农地复垦机构作为政府成立的专业性机构，其复垦活动必然增加政府财政收入，更重要的是，它可以分担一定的政策任务，通过专业性的复垦活动保证农地复垦质量，降低农民因复垦质量不过关而导致前期投入付之东流的风险。专业农地复垦机构的成立对于保证农地复垦质量至关重要，其专业性和利益中立性能够有效减少农地数量"实质性减少"现象的发生，具有很强的正外部性，能有效保障国家粮食安全。

第八，农业公司化和保证金制度保障耕地不抛荒。农村建设用地复垦后，为公司化经营与规模经营创造了条件。一个村或几个村零星分散的农村建设用地复垦后，可能会成为连片成块的较大宗地。这些整理成为农地的较大宗地可能会涉及若干家农户过去的宅基地。按照这些农户原有的宅基地比例，将这些整理好的农地再分配给他们实行家庭分散经营，非常不利于农业公司化经营和农业现代化。因此，可以引导农户将农村建设用地复垦后的农地，实行对内或对外的招标承包、租赁、股份经营，原来的宅基地农户可以在复垦后的农地中拥有经营权股份，但不直接经营。把农村建设用地复垦后农地的经营权有偿交给农业经营大户或者用其经营权招商引资，引入社会资本进行公司化运作。针对复垦耕地分布零散、质量大多不好给耕地连片管理带来不便的情况，地方政府可通过价格补偿降低农民农业生产成本。政府还应积极改善耕地灌排设施、耕地坡度、耕地耕层厚度等条件以提高耕地质量、改善农业生产条件以提高农产品产量，为农民复耕创造便利条件。

土地管理部门虽然设立了土地复垦档案，但被复垦的土地的承包权仍旧归宅基地主人所有，这些宅基地主人大多数在城市务工经商，不会去耕种经营这些土地，又舍不得流转，这样就会导致抛荒（易可君，2011）。应在地票交易后，从其价款中扣留一定比例的保证金，经过 3～5 年验收确认未抛荒而成为熟地后，才能领取剩余保证金（赵行平，2012）。

8.2.3 保障供给潜力，确保复垦农民利益

1．复垦农民的权益还未得到足够保障

1）农民的复垦主体地位未得到充分体现

首先，重庆市发布的《重庆农村土地交易所管理暂行办法》（以下简称《暂行办法》），允许个体农户自行进行复垦，但事实上单个农户很难担负如此高的复垦成本，由农民自己复垦不太现实。其次，从实际操作来看，农村建设用地的复垦多由土地整理公司运作，农民并非直接参与，因此，农民收益仍然有限。

2）农地复垦前期投入过高

按照《暂行办法》规定，首先，农村土地复垦责任主体是拥有该土地所有权的农村集体经济组织或拥有该土地使用权的自然人，从有关部门要编制城乡建设用地挂钩专项规划，到权利人申请复垦、复垦后的申请验收，确认并核发城乡建设用地挂钩指标凭证，这些审批成本和决策成本及复杂手续都会影响到土地权利人复垦的积极性。其次，在农村生产回报不高、土田抛荒现象严重的情况下，对闲置的建设土地进行复垦，不仅仅是该土地所有人的决策问题，资金投入更是一个关键问题（李碗思等，2013）。另外，现行农村土地制度造成的土地所有权与使用权分离也直接造成复垦决策成本的大幅提高。

上述三方面原因使得农地复垦成为一种前期投入高、组织工作繁杂、收益相对有限，且具有一定风险的投资活动，在没有政府政策进一步倾斜和复垦权票证化的情况下很难成为单户农民可以投入的短平快项目。即便农户通过复垦而获得了地票，但其所获收益仍是有限的。在地票交易中，农民的收益主要是复垦收益，而这种收益与城市郊区农村建设用地的"隐性"收益相比差距较大。事实上，基于经济上的考虑，城市郊区的农民是不愿意将建设用地复垦为耕地的（王谊等，2013）。

3）农村宅基地社会保障功能需进一步考虑

地票制度中需要进行复垦的宅基地，其对农民来说具有居住保障的作用，实际上是农民可以支配的最重要的财产，其价值和意义也决非将其进行复垦获得并不丰厚的一次性收入所能比拟的（沈萍，2010）。《暂行办法》规定，农村宅基地及其附属设施用地复垦后不得另行申请。但农民群体往往比较看重眼前利益，在权衡利弊方面有时容易判断失误。例如，将不是自己的住所谎称为是自己的稳定住所，以此通过复垦申请获得眼前利益，但真正需要宅基地时，申请已不可能，最终失去了长远利益。当这种情况变成群体现象时，有可能会影响整个社会的安全与稳定，最终的风险只能由国家来承担（覃琳和丘凌，2012）。

按照现在的做法，农民从地票制度得到的利益相当有限且缺乏持续性，远远不能弥补土地保障永久失去造成的福利损失，特别是在农村社会保障体系尚未建立的情况下。按照中国城乡二元的社会保障体系设计，在农村实行土地保障，复垦农民在完成宅基地的复垦活动后并不因此享受城市社会保障，这就使其处于土地保障和社会保障双重缺失的危险境地。虽然按照《暂行办法》规定，复垦新增耕地仍然由原宅基地农民承包经营，但是农业收入的有限性是无法改变前述危险境地的，况且由于此种制度设计不能形成对保证复垦耕地质量的持续激励，必须加以改革。

4）集体经济组织存在权力寻租

集体经济组织是集体土地的所有者，理应享有对农村建设用地复垦进行控制的权力，但是《暂行办法》未考虑到集体行动的逻辑，从而忽视了复垦控制者可能的权力寻租，未对集体经济组织的权利进行合理的限制。

（1）集体决策导致地票利益被侵吞。《土地管理法》第 2 条第 1 款规定："中华人民共和国实行土地的社会主义公有制，即全民所有制和劳动群众集体所有制。"根据规定农村集体经济组织是宅基地和农村建设用地的所有者，理应依据所有权参与到地票利益分享中来。但是，我们必须认识到，集体土地所有制已经不能适应中国新的发展形势，其所有权主体缺位的弊端已经严重影响了我国农村经济的发展。集体土地所有制虚位的现实造成了土地所有权一直由小部分人，甚至一个或两个人物所有。而广大的农民则在事实上形成一个并不团结的大集体，农民不会为了集体的利益而积极行动，在面对土地利益被侵害时表现出显著的"理性无知"。况且在大量农民外出务工的情况下,想达到2/3 以上成员或者代表同意也绝非易事,使得复垦权被小部分人控制,地票利益的大部分也被小部分人攫取。

（2）受到集体的不合理控制。按照《暂行办法》规定,凡是农户申请宅基地复垦,必须由所在农村集体经济组织同意复垦的书面材料。这种制度设计的初衷在于保障农民的合法权益,避免农民的短视行为影响其长久生机,另外,也为了适当照顾土地所有者的利益,但是实际运行情况已偏离其初衷。首先,征得农村集体经济组织同意在实际运行中等同于征得部分主要村干部的同意,这就为干部故意设阻、截留复垦农民地票收益留下了操作空间。其次,农民在选择复垦与否的过程中也是理性人,他会根据自身情况进行正确的选择,让村干部为农民做选择是对农民理性的歧视。再次,宅基地复垦后新增耕地并不会改变集体所有的性质,并不会损害农村集体经济组织的利益（周中举,2008）。最后,征得同意的程序无疑会增加地票制度运行的组织成本和时间成本,无形中降低了复垦农民的地票收益。

2. 保障农民权益

1）确立农民的复垦主体地位

充分尊重农民意愿,完善地票运行相关的配套法规,确立农民的主体地位。一方面,要确立农民复垦的主体地位。不仅应宣传地票补偿款的补偿方式、补偿价格和维权方法,还应加大说明申请地票后将只能维持土地耕作的性质及不能再申请宅基地的情况,避免因图眼前利益而盲目退地的情况发生。

另一方面,积极探索将复垦权法定化,通过复垦权的转让实现资源优化配置,即复垦权受让人可通过专业化的管理来组织实施土地复垦,而原复垦权持有人可使难以实现的远期利益转化为具体的即时利益。另外,要确立农民地票交易的主体地位。在第二次全国土地调查的基础上,加快农村集体土地确权发证进度,明晰农村集体土地权属权能划分。在权属清晰的情况下,积极探索有效途径,赋予个体农户直接参与地票交易的权利,避免地票交易环节可能出现的对农民权益的侵害（覃琳和丘凌,2012）。

2）保障复垦农民的最低收益与溢价收益

地票拍卖的基准价由政府确定,而按照现实运行情况,大部分地票成交价接近基准价,因此,基准价的确定对利益分享范围至关重要。目前,重庆每亩土地复垦的成本是4～5 万元,而农村人均建设用地面积为120m^2（折合后为0.18 亩）,若成交价过于低则对于改善农民生产生活并无实质性帮助。另外,在农村集体经济组织收回复垦耕地的发包权后对地票收益更加依赖。因此,建议在确定基准价时应以复垦成本的3 倍为原则适当波动。

对于流拍的处理，由复垦者购回并不符合农民的利益，一方面，农民为了地票的形成已经付出了大量成本，如果由其承担流拍的风险，极容易影响农民的积极性，减少地票一级市场的资源供给；另一方面，由于土地性质并未改变，仍然只能进行农业生产，微薄的农业收入对于巨额的复垦成本来说无疑太过渺小。因此，可以基准价购入并将其用于保障性住房开发，在照顾农民利益降低农民复垦风险的同时，增加城市保障性住房供应，解决城市弱势群体的住房难问题。

对于地票产生地农民而言，应坚持推行地票溢价分配标准动态调整制度，保障其收益随着地票成交价格的走高而有所增加。

3）探索合理的收益分配补偿机制

按照现在的做法，农民从地票制度分得的利益相当有限且缺乏持续性，远远不能弥补土地保障永久失去造成的福利损失，特别是在农村社会保障体系尚未建立的情况下。要在全国范围内实现从农村土地保障向社会保障转化，才能从根本上改善农民对土地的依附性，他们才不会担心失去土地保障后就失去了生存保障（王娜加，2008）。因此，必须创新地票利益分享方式，改变以一次性货币支付为主的传统方式，赋予农民更大的选择权和自主性，农民可以选择任意比例的收益以现金方式一次性支付，其余部分则形成一个资产池，经过信用增加等过程实现资产证券化，使农民能够长期分享地票收益，这是以土地换社保的现代实现方式。考虑到农民的弱势地位和此资产证券化的社会保障属性，应当设立特定的"保底协议"，即最低给予农民同期银行利息的收益。收益权证可以依法质押，增加农村担保物的种类，促进农村金融发展，为农村经济社会发展提供充实资金。另外，应当允许农民记名转让收益权证，从而顺利变现并实现适当增值。但是，无论是转让还是质押权的实现，一旦导致权证姓名变更，"保底协议"即告失效，不再享有农民因其特殊地位而享有的特定权利。另外，权证分红利益也可以注入资产池，但同样不享受"保底协议"待遇（陈璞和董广绪，2010）。

4）享有新的金融工具

金融工具是用来证明贷者和借者之间融通货币余缺的书面证明，一般必须具有可转让性和流通性。地票、复垦权票证及收益权证都可以成为新的金融工具，不仅可以通过向银行质押获得生产生活贷款，还可以依法转让成功变现并实现一定程度的增值，可以缓解政府一次性现金支付地票收益的财政负担。通过赋予以上票证流通性，实现地票制度与农村金融制度的结合，使地票制度为农村发展提供强劲的金融支持，改变农村金融市场供给不足的现状，这对于新农村建设同样重要。以上票证成为金融工具使地票制度实现了金融化，金融的放大效应会使地票制度对农村发展的支持得到极大的增强，从而更好地统筹城乡发展。

农村土地交易所已经为地票的交易提供了公开的市场平台，其流转已经不是特别的障碍和难题。开放地票二级市场不仅可以为地票一级市场创造一个可能的退出机制，也可以有效降低开发商参与地票拍卖的风险，从而刺激一级市场的地票交易。开放二级市场已经成为必然趋势，其开展的关键在于如何分享地票流转增值收益。按照现实运行情况，大部分地票成交价接近基准价，一级市场对于农民提供的支持并不明显且缺乏持续性，因此，必须开辟农民参入二级市场地票流转增值收益的渠道。可以规定农民以一定的比例分享地票流转增值部分的收益，比如20%，当然分享制度的有效开展需要很多配套制度的支持，最重要的就是应当规定严格的地票公示制度，实行登记生效主义，鉴于农村土地交易所设立并成为地票交易平台，登记机构也应当设于其中，避免机构重复设立，提高办公效率（陈璞和董广绪，2010）。

5）编制地票专项规划

编制与地票衔接的土地复垦专项规划，对各区县的可复垦量进行预测，并落实到空间上。在复垦规划中采用自下而上的规划方法，引入公众参与机制，尽量避免与农民意见出现较大分歧。根据规划对每年的复垦量和进行复垦的空间范围进行计划，并根据具体情况进行适当调整。

8.2.4　保障地票需求空间，确保企业利益

1. 影响企业地票需求的因素

重庆地票目前面临需求和供给不足的发展瓶颈。地票的需求主体主要为国有企业集团，占地票购买单位的59.23%，民营企业只占21.54%。而这些国有集团在国家下达的建设用地计划指标相对充裕的情况下，也逐渐倾向于使用计划指标，而不是购买地票，2012年地票的交易面积比2011年下滑一半还多。在需求主体单一的状况下，地票面临需求不足问题。分析地票需求不足的原因，主要在于以下几个方面。

1）建设用地指标的"双轨制"问题

伴随着地票交易制度的诞生，重庆也就出现了两个获得建设用地指标的途径：一是每年国家批准的10万～12万亩的计划指标；二是通过重庆农村土地交易所的地票交易而获得的指标，其面积约为计划指标的10%左右，为1万～1.5万亩。但是，由于国家批准的计划指标的取得在形式上是无偿的，而通过交易所获得的用地指标却是有偿的，并且其价格不菲。从已经成交的交易来看，地票拍卖价格基本上是一路走高，两年时间单价已经上涨近8成。在2010年5月31日进行的交易会上，地票的成交单价已经高达14.50万元/亩。显然，在扣除了可以抵充的新增建设用地土地有偿使用费和耕地开垦费

后，仍有 7.17 万元/亩的成本支出。由此而必然导致的问题就是，建设用地使用权人将会为争夺无偿的国家计划指标而去大做有关部门的"工作"。

当然，重庆市现已下达文件规定，今后主城区的经营性用地，政府不再下达用地指标，而一律要求通过地票交易获得。也就是说，在重庆主城区，国家计划指标只能用于工业、公共设施等项目，经营性用地必须通过地票取得。这一规定在一定程度上可以防止建设用地指标双轨制的出现。然而，由于工业、公共设施、教育卫生等具有事业性特征，扩大内需项目及郊区县的建设用地指标却没有要求必须通过地票交易获得（黄忠，2009）。

2）企业购买积极性不高

地票购买主体积极性影响到地票的市场需求量，在地票供给一定的特定时期，其是地票交易价格的决定性因素。因此，地票购买主体的积极性不仅影响地票交易价格的高低，甚至影响地票价格的实现，进而影响整个地票制度的持续运行（凌成树和朱玉碧，2012）。

按照《土地管理法》《土地储备管理办法》《招标拍卖挂牌出让国有建设用地使用权规定》等法律法规，政府组织征收农民集体土地后应纳入土地储备范围，再按照供地计划，分批次组织"招拍挂"公开出让，并以"价高者得"的原则确定土地使用者。这一制度框架使得地票"落地"的时间，以及落地的具体位置、地块的面积、规划用途等都无法充分预计。地票需求者对于地票表现冷淡，观望态度严重，从 2012 年地票交易的数据来看，国企占竞得单位总数的 82.5%，而民营企业仅占单位总数的 7.5%，仅占总交易地票数的 19%；从 2008~2012 年地票交易总数据来看，国企占竞得单位总数的 59.23%，而民营企业仅占单位总数的 20.38%。造成地票需求者购买积极性不高的主要原因如下。

（1）地票持有者的权利界定模糊。按照《暂行办法》的规定：地票"在落地时冲抵新增建设用地土地有偿使用费和耕地开垦费"，但是地票购买者并没有土地受让优先权，拍卖支出也仅仅只是予以冲抵，因此，地票并没有赋予购买者实质性的权利，这会极大地限制竞拍积极性，影响地票制度的长久存续（陈璞和董广绪，2010）。另外，即使对于相关费用抵扣的规定也不明确，抵扣的范围、抵扣的方式及限度均未有体现。究其实质就在于，复垦产生地票而形成的相应城市建设用地指标的归属是地票购买者还是国家。依现行办法，地票购买者在落地环节与其他竞拍者共同竞拍，并没有在相同条件下的优先权，可能出现买到地票却拿不到地的情况，因此，城市建设用地指标属于国家（刘朝旭和雷国平，2011）。根据制度经济学的观点，产权界定清晰才能有市场配置的有效进行。而地票制度却没有赋予购买者任何实质性的权利，其仅仅有选地权却要承担因此增加前期投入而拿不到地的风险，模糊的权利界定减弱了地票的吸引力，削弱了开发商购买地票的动力。

（2）承担落地流拍的风险。落地流拍的风险与地票权利的模糊界定是一个问题的两个方面，正是后者使得地票持有者存在拿不到地的可能。从地票交易的基本过程可以看出，即使某个开发商竞得地票，在指标落地时其仍然要和其他开发商进行公平竞争，如果竞标失败，政府将地票价格本金返还给该开发商，利息损失作为投资风险由开发商支付，所以，购得地票后，最终能否获得土地使用权是开发商需要考虑的另一个因素（谭新龙，2010）。

地票持有者在并未被赋予任何实质性权利的情况下却要承担落地流拍带来的一系列风险，显然在地票的制度设计中存在成本收益的严重失衡，这必然导致众多开发商在经过理性思考之后放弃竞拍。这一巨大风险极大地限制了地票需求者的竞拍欲望，导致开发商观望态度严重。

（3）不享有地票流转的权利。虽然农村土地交易所已经为地票的交易提供了公开的市场平台，其流转已经不是特别的障碍和难题，但是《暂行办法》对地票的流转并未进行规定，相关配套制度，特别是地票登记制度的缺失严重阻碍地票二级市场的开放，到目前为止，地票的流转仅仅局限于向个别银行质押贷款，其流动性受到严重限制。二级市场封闭具有很多弊端，首先，它使地票购买者承担着巨大的风险，开发商一旦在购得地票后出现资金流动性不足，则无法顺利实现地票权利，无法通过转让地票获得相应资金。其次，它使地票通过流转实现增值成为不可能，这极大地限制了地票制度对三农的资金支持力度。最后，它造成地票一级市场没有一个可能的退出机制，阻碍地票落地以完成地票的使命（黄立，2012）。因此，开放地票二级市场实属众望所归，俨然成为不可阻挡的趋势。

（4）"打包"产生的垄断与价格差异。重庆农村土地交易所是全市地票交易的唯一平台，该所把全市各地分散的、零星的地票集中并"打包"成一定规模后，通过"招拍挂"的方式出售给地票的购买者。其中的"打包"是人为操作，"打包"的方式不同会影响地票的需求者数量和市场的竞争程度。就重庆农村土地交易所之前的"打包"方式来看，一宗地票的数量以 66.67hm² 为主，也有少量的 6.67hm²、33.33hm²。例如，在某次总量 440hm² 地票的交易前，"打包"为 6 宗 66.67 hm²、一宗 33.33hm²、一宗 6.67hm²。尽管 2012 年以后打包的方式比以往灵活，但仍然是以大宗为主，仅有两宗面积在 10 hm² 以下。这种规模较大的"打包"方式，就不能很好地满足购买者的需要，尤其是把中小开发商排斥在需求者之外，其结果是只有少数实力雄厚的国有企业、大开发商参与竞争（凌成树和朱玉碧，2012）。当竞购价偏高时，不排除开发商将开发成本转移到房价中去，存在推高房价的可能。

指标的"打包"方式也会影响到地票的交易价格，从而直接对地票竞购方的利益产生影响。由于在地票交易中，竞购方是不能按照自己的意愿来决定地票所包含的具体指标数的，因而，竞购方竞购的地票所包含的具体指标数可能会与其实际需要不符。也就是说，如果交易所将特定数量的指标打包成一张地票，那么就可能会因为该地票所包含的指标数量过大或过小，从而使其只适合特定竞购方，进而使该竞购方可以按基准价成交。正是由于指标的打包方式对于农村建设用地权利人和地票竞购方的利益都有重大影响，因此，打包方式本身也就必然会成为各方竞相"活动"的对象。然而，农村建设用地权利人的天然弱势和分散性，导致现实中农村建设用地权利人的"活动能力"显然不敌竞购方。可以预见，地票的打包方式及由此而导致的地票交易价格，将会在很大程度上受到某些实力竞购方的影响（黄忠，2009）。综上，不难看到地票持有人要承担多重风险：一是向国土资源部门提出的征地建议有可能不被采纳，或者存在征地矛盾导致中意的地块不能完成被征收和后续的"招拍挂"，即不能拍到看中的地。二是有可能看中的地在"招拍挂"过程中没拿到，即出现买到地票却拿不到地的情况（许东，2010）。三是机会成本。竞得地票的单位可把投入地票中的资金转投其他，可以获得其他的投资收益。四是获得地票的各种耗费。在获得地票及选择建设地块的过程中，存在时间、人力、资金等各种耗费（凌成树和朱玉碧，2012）。五是资金的利息。"拍不到地块，政府从拍卖价中扣除地票价格，这部分返给地票持有人，但只返还本金，利息损失作为投资风险由地票持有人支付"（沈萍，2010）。地票购买者在面临诸多风险的情况下，企业实施一系列行为的最终结果只是获得一种机会、一种可能性。那么他们购买地票的动力来自哪里？作为地票购买者的柯燕解释道："一是地票产生后，企业可变被动为主动。以前看好的地块，没有用地指标，不知道何时才能征地和供应，有了地票，就可向政府提议，早点把这些地块推入市场。二是拿地时间缩短。6月买地票，9月底买到地，三个月时间不到。而没有地票时，申请指标到买到地，一般需要半年或更长时间。三是地票的使用没有区域限制，只要符合规划都可以用，灵活度高"（柴伟和李华友，2011）。可以看到地票购买者购买地票的确能获得一些好处，但不能否认这里面存在多重风险，这些动力是否足够支持地票的发展？如果动力不足，地票交易最终可能变成有票无市，地票交易制度也将被束之高阁。所以完善地票的权利行使及归属，给予地票购买者更大的实惠，激发他们的购买积极性，是发展地票交易的重要一环。

2. 保障地票需求措施

1）放开地票交易的年度总量限制

重庆目前对地票交易总量实行计划调控，原则上不得超过当年国家下达的新增建设用地计划的 10%，即 1 万～1.5 万亩，这一限制与"主城区经营性用地一律通过地票交易获得"的规定存在冲突。应当看到，国家控制年度地票交易量主要是为了控制城市建设和农村土地整治的步伐，因为大规模的地票交易意味着农村土地整治步伐的加快和城市建设的提速。但是，人为限制地票交易量并不科学。首先，对于城市建设而言，控制地票交易量并不能真正控制城市建设的步伐，反而会出现利用不当手段获取国家计划指标的结果。这种限制不仅容易诱发腐败，而且不利于城乡土地资源的优化配置，实现农村土地的增值。其次，土地整治步伐的加快有可能导致出现违背农民意愿的"被上楼"、大规模撤村的情况，但这是地票生产过程不民主、不公开，地票交易价款分配不规范、不公正假设下的推论。反之，一旦严格了地票的生产环节，并对地票价款分配予以规范，那么，地票交易量的单纯增加并不会影响农民的利益，反而会增加其收入（黄忠，2013）。

2）扩大地票适用范围，激发地票购买动力

重庆市现已下达文件规定，今后主城区的经营性用地，政府不再下达用地指标，而一律要求通过地票交易获得。这一规定在一定程度上可以防止建设用地指标双轨制的出现，同时激发建设用地开发者购买地票的动力。但这一规定并没有得到执行。而且由于工业、公共设施、教育卫生扩大内需项目及郊区县的建设用地指标没有要求必须通过地票交易获得，因此，建设用地指标的双轨制及由此而导致的腐败问题仍然会在一定程度上存在。解决这一困境的最好办法就是进一步制定地方性法规，规定对城市经营性用地不再下达国家计划指标，只能使用地票；国家下达指标只用于工业、公共设施、公益事业性用地及扩大内需项目；并扩大地票交易总量和适用范围，由主城区扩大到重庆市六大区域性中心城市。

3）进一步扩大地票交易的范围

国务院要求重庆地票交易"封闭运行、暂不推广"，但市场的发展和深入势必要求突破地区的限制。地票交易制度产生的前提就是我国城乡建设用地资源配置上的严重失衡：城市建设用地紧张，农村建设用地浪费严重。显然，这一前提并非为重庆独有。调查显示：目前我国农村居民点用地为 2.48 亿亩，占全国建设用地的 51%，而且利用效率低，人均居民点用地高达 229m^2，"散、乱、空"现象比较普遍。因此，通过土地整治来获得用地指标，并在全国范围内进行配置有其现实需求。

另外，若将地票交易限于重庆也会影响市场的活跃程度，不利于地票价值提升。目前，我国不仅仅存在城乡差距，更有东西差距的问题，土地增值的空间主要还不是在一个市域范围之内的农村和城市之间，更在于内地和沿海之间、小城镇和大城市之间（黄忠，2013）。

目前的地票交易制度只能实现重庆内部的城市反哺农村，而无力企及市外。这不仅对其他地区的农村和农民不公平（他们无法借由地票交易获得增值收益），而且对于重庆本地的农村和农民也有不公，因为地域限制实际上也制约了地票的增值空间。当然，通过扩大地票交易范围，进而逐渐形成全国统一的地票交易市场，虽然有利于实现土地资源优化配置和地票价值最大化，但也可能会出现危及耕地保护的风险。对此，需要进一步完善地票的生产机制，制定科学的耕地等级标准，严格地票验收程序。此外，全国统一地票交易市场的形成还需要以完善的农村土地权属登记制度和高效、便捷的地票交易平台的建立为基础。

4）适时推出二级市场

（1）应认识到二级市场存在一定风险。目前重庆地票交易只有一级市场，但从增加流动性、推动地票市场繁荣的角度来看，有必要建立二级市场。事实上，二级市场的缺位会对一级市场产生负面影响。目前，重庆的地票已有被质押的案例，而一旦地票被出质，当债务人不履行债务时，必然面临如何确定质物价值的问题。如果没有地票二级交易市场，会在根本上动摇以地票进行融资的可行性。而且，由于从地票购买到地票落地并获得现实收益需要一个较长过程，在地票成交价格不断攀升的背景下，企业的资金供应很有可能出现问题；对于没有拍得土地的地票持有人，也可以允许其将地票拿到二级市场转让，包括地票转让方式、转让主客体的确定、转让频率限制、转让后落地有效时间的设定等机制，但也需要建立监管机制防止地票转让价格过高。因此，有必要通过建立地票二级交易市场，为地票承让方的融资提供便利。但是，也应注意到，二级市场上的地票成交量与一级市场上的地票供应量是相互影响的。若在没有理顺两者关系且缺少必要监管的前提下，盲目放开二级市场，可能产生恶意炒作，甚至引发地票泡沫（黄忠，2013）。

（2）完善税收，谨慎推进二级市场。为防止炒票，有学者建议实行地票转让最高限价和规定地票的有效期。实行限价的做法不仅背离了土地的资源属性，同时会对地票一级市场的交易价格产生不当影响，损害农民的土地利益。因此，对地票二级市场的收益主体即地票承让方应依法征收增值税。要求地票在规定时间内落地或转让的建议也不科学。从目前地票落地的情况来看，地票承让方并无优先权，因此，地票承让方无力决定地票的落地时间。在此背景下，强行规定超过期限的地票由土交所回购，显然会挫伤地票竞购方的积极性，不利于地票交易的发展。当然，为防止地票承让方恶意闲置地票，有必要通过税收等方式进行调节和引导（黄忠，2013）。

对地票二级市场适当征税，可以提高交易成本，有效降低投机概率。地票转让交易税费设计不应过高，税收成本应小于参与私下转让交易风险成本，才能激励供需双方参与正规市场交易。地票税制设计时可以参照金融证券市场税，对地票转让征收流转税和利得税。流转税可包括印花税、营业税，其中，印花税可考虑统一征收税率；营业税则按照"营业税=（地票转让金额−买入金额）×营业税率"征收。利得税可包括企业所得税、个人所得税，其中，企业所得税按企业处置地票产生的收益，根据企业所得税法的规定计征；个人所得税按照公开转让地票取得的增值收益计征（孙芬等，2013）。

5）拆分地票，使地票交易单位标准化

地票一级市场中的打包方式在一定程度上限制了部分主体的参与。可由重庆农村土地交易所汇集某一时段产生的地票，以"10亩"或"亩"为交易单位在一级市场上进行竞价出让。而在地票的二级市场中，由地票持有者将未使用或使用后剩余部分的地票，根据市场需求对地票进行拆分，以"亩"甚至以"分""厘"（1亩≈667m²，1分≈66.7m²，1厘≈6.67m²）为交易单位投放到二级流通市场交易。建议根据市场需求设立分层次、分区间需求规模的地票专场交易会。这种打包方式既扩大了一级市场的购买者范围，保护小型企业或法人有机会拿到地票，保持各方对地票交易的热情。又能便于二级市场分零转让，增加市场活跃程度，确保地票最终能够得到有效利用（孙芬等，2013）。另外，针对部分开发商拿地不成功采取灰色交易的行为，政府应倡导公平公开交易原则，并加大灰色交易惩罚的力度，保护其他开发商的权利。

6）加强规划衔接，促进地票尽快落地

加强地票制度与规划的衔接，在城镇规划和土地利用规划中将两种指标供地地块进行明确，减少地票持有人实施地票落地的规划报批环节。地票落地要根据地方经济社会发展需求及空间布局进行分解并落实到规划范围内。应根据所在地的规划要求确定地块用途，如工业、商业、房地产、基础设施用地等，对接受地票的地块进行项目功能界定，使地票持有人在空间落地的时候可根据规划指引寻求落地目标，缩短地票落地时间。在对由地票配置指标的地块进行拍卖时，将持有地票作为入场拍卖的前置条件，并且规定持有地票的数量与实物地块拍卖数量必须一致（陈悦，2010）。

7）完善开发商拍不到中意地块的补救措施

开发商拍不到中意地块的原因包括征地建议不被国土资源部门采纳，或者由于征地拆迁补偿矛盾无法完成土地征收和按照供地计划进行"招拍挂"公开出让，虽然本质是地票无法落地，但与导致落地流拍是竞标失败不同，此风险是由征地问题造成的。所以补救措施既要包括降低地票落地风险，也要缓和征地矛盾。降低地票落地风险需允许地票流转、适时推出二级市场，前面已阐述。缓和征地矛盾的关键点是提高城市郊区失地农民的补偿，补偿标准的制定应将郊区土地级差地租和发展权价值较好和较高考虑在内。另外，也应做好有关信访维稳工作，保障失地农民权益。

8.2.5 创新地票内涵，确保地票生机

1. 创设耕地保护发展权交易

创设耕地保护发展权交易，是扩大地票交易标的、深化地票交易制度改革的必然趋势。耕地保护发展权是指各区（县）都有占用一定量耕地进行非农建设的权利，表现为一定量的年度建设用地计划指标。由于经济发展基础和自然条件的差异，各地利用耕地

的效益存在差异，大体形成了耕地保护区和耕地发展区的区分。基于比较优势理论，耕地保护区可以向耕地发展区转让发展权，通过承担更多的耕地保护义务来获得增值收益；而耕地发展区可通过地票形式在重庆农村土地交易所向耕地保有量富余的地方购买指标，在建设用地指标总量不增加，耕地及基本农田总面积不减少、质量不降低的前提下获得更多发展权。这样交易还可以有效解决耕地保护的外部性问题，促进第二、第三产业和人口的适当集中，引导和推动产业有序转移和合理布局，产生集聚经济效益（黄忠，2013）。

2. 将土地一级开发权的市场化改革与地票相结合

将土地一级开发权的市场化改革与地票相结合，拓宽房地产开发企业地票落地的空间范围。根据土地利用规划及土地使用实际情况，为了促进土地开发利用的合理化、高效化、节约化，同时促进房地产开发企业更快实现地票落地，建议对储备集团储备土地的使用情况进行监督管理，对于储备年限过长、久未开发的土地，采取由市场拍卖一级开发权的方式尽快开发；土地一级开发完成并经验收合格后，仍然通过土地交易中心以"招拍挂"方式拍卖。这样一方面解决土地一级开发的资金问题，另一方面加快各区（县）发展，同时对原有的土地"招拍挂"制度和地方财政收入没有影响，是一个三赢的土地一级开发模式。可以将具备一级开发资质和持有地票作为获得一级开发权的前置条件；同时鼓励房地产开发企业积极与各区（县）合作，通过承担公益性、民生性项目的开发建设，获取一定比例的商业性项目土地配套，实现地票落地（陈悦，2010）。

3. 容积率调整的地票化

在房地产开发过程中，不少开发商为了谋求更大利润，往往采取调高容积率的方法，而调高容积率会使得城市的密度过大，影响人居环境和城市生态环境。因此，可以与规划部门协商，对于调高容积率的开发商，要求其购买一定数额的地票以弥补其调整容积率带来的城市环境不良影响。这样一方面可以提高地票需求，另一方面可以在一定程度上抑制随意调整容积率的现象。

4. 城镇建设用地的地票化

在城镇开发建设过程中形成的大量零碎的、使用权人不统一的城镇建设用地，可以把这部分存量建设用地进行地票化：如果企业要使用增量建设用地，须以竞拍的方式在交易所购买相应数量的存量用地开发指标，交易后取得的收益用于零碎存量用地的开发和原有使用权的补偿。城镇建设用地的地票化将为城镇国有土地出让带来巨大的变化，也为统一的土地交易市场制定了产品标准。而农村建设用地的地票化及城镇建设土地的地票化将为交易市场提供可以折算、可以比较的同类产品。不同类别土地产生的地票，也许在市场初期存在差异，但在市场交易过程中，则这种差异将由其价格来体现。一旦地票的差异只存在于价格差别方面，则市场的统一也就自然达成（朱少卿，2010）。

5．复垦权的地票化

如何减少和扭转农村建设用地的闲置和浪费，是城镇化建设过程中值得研究的问题，而地票的引入，使得对该闲置土地进行复垦成了具有市场价值的行为。复垦是地票制度中的核心环节。因为复垦使我们能够有效利用农村建设用地、增加耕地、产生新增城镇建设用地的指标。但是，在农村生产回报不高、土田抛荒现象严重的情况下，对闲置的建设土地进行复垦，不仅仅是该土地所有人的决策问题，资金投入更是一个关键问题。筹集大量资金、花费相当的人力物力进行复垦，如果没有政策的倾斜和政府的主导，在现有农村土地集体所有和劳动力零散配置的具体情况下，困难重重。

复垦毕竟不是以家庭为单位进行投入的短平快项目，而是一个需要有组织、有资金、有规模的生产过程。因此，如果将复垦的权利法定化，并使之可以转让，或者干脆"地票化"，则该土地所有人本来难以实现的远期利益将转化为具体的即期利益。而受让复垦权的受让人，则可以通过集约化、专业化的管理组织，来实施对该土地的复垦。持有复垦权地票的人，也可以通过交易所公开拍卖转让复垦权，使资源的配置达到最优（郭振杰和曹世海，2009）。

8.3　本　章　小　结

本章以地票制度的原有内涵为出发点，再度思考地票的制度内涵，对地票制度的原有内涵进行深度挖掘与拓展，对现有内涵进行优化，促进地票制度的创新发展。

从地票的内涵来看，地票除了具有新增建用地指标的功能，还具有耕地占补平衡指标的功能。对原有内涵的挖掘，地票制度能够实施耕地保护发展权交易和农房交易；对现有内涵的优化，地票制度能够通过提升复垦耕地的质量、调整容积率和扩大交易范围等来为地票的可持续发展创造条件；对原有内涵进行拓展，对地票的本质——"票据化"进行适当扩大，将地票引入"城中村"改造、零散土地整理中来，节约集约利用城镇建设用地。

本章通过对地票内涵的挖掘与拓展，从耕地保护、农民权益保障、地票需求保障及创新地票内涵4个方面来对地票制度的发展与完善提出几点建议，促进地票制度的创新与持续发展。

参 考 文 献

白佳飞. 2010. 统筹城乡下农村土地流转创新模式研究——以重庆和成都为例[D]. 重庆: 重庆大学硕士学位论文.

白珏. 2009. 基于可持续发展内涵的城乡建设用地增减挂钩分析[EB/OL]. 中国土地学会. 2010 年中国土地学会学术年会论文集. http://www.doc88.com/p-2071004733284.html.2017-07-02.

蔡勇志, 郭铁民. 2010. 我国农村社区化模式的比较研究[J]. 中共福建省委党校学报, (10): 20-25.

蔡玉胜, 王安庆. 2010. 城乡一体化进程中土地利用存在的问题与对策——以宅基地换房模式为例[J]. 经济纵横, (1):79-81.

曹阳, 王春超, 李鲲鹏. 2011. 农户、地方政府和中央政府决策中的三重博弈[J].产业评论, (3):5-12.

柴伟, 李华友. 2011. 重庆地票交易撬动农村经济, 3 年 148 亿资金下乡[EB/OL]. http://finance.sina.com.cn/nongye/nyqyjj/20111207/113610950096.shtml, 2011-12-07.

陈春, 冯长春, 孙阳. 2011. 城乡建设用地置换运行机理研究——以重庆地票制度为例[J]. 农村经济, (7): 37-41.

陈春, 张维, 冯长春. 2014. 城乡建设用地置换研究进展及展望[J].中国农业资源与区划, 35(1):61-66.

陈俊华, 武泽江, 凌鑫. 2012. 城乡建设用地增减挂钩周转指标内涵剖析——基于城乡建设用地增减挂钩试点项目的思考[J]. 广东土地科学, 11(1): 6-9.

陈梅英, 郑荣宝, 王朝晖. 2009. 土地资源优化配置研究与进展[J]. 热带地理, 29(5):467-470.

陈璞, 董广绪. 2010. 地票金融法律制度研究——以农村土地与金融制度创新的有机结合为视角[J].湖北经济学院学报, (6):11-12.

陈伟峰, 赖浩锋. 2009. 天津"宅基地换房"调研报告[J]. 国土资源, (3):14-16.

陈锡文. 2010. 工业化、城镇化与三农问题[EB/OL]. http://www.ce.cn, 2010-12-07.

陈锡文. 2013. 重庆"地票"需法律明确[N].第一财经日报, 2013-3-2, (2).

陈晓军, 张孝成, 郑财贵, 等. 2012. 重庆地票制度风险评估研究[J].中国人口·资源与环境, 22(7):156-161.

陈学信. 2012. 需求曲线和供给曲线的马克思供求理论解析[J]. 现代财经:天津财经大学学报, (3): 5-12.

陈印军, 王晋臣, 肖碧林, 等. 2011. 我国耕地质量变化态势分析[J].中国农业资源与区划, 32(2):1-5.

陈悦. 2010. 重庆地票交易制度研究[J].西部论坛, (6):1-5.

程世勇. 2010. 城乡建设用地流转: 体制内与体制外模式比较[J]. 社会科学, (6): 45-52.

程同顺, 杜福芳. 2011. 快速城市化进程中的失地农民问题——以天津市华明镇"宅基地换房"为例[J]. 重庆社会主义学院学报, (3):93-96.

池芳春. 2013 粮食需求下的地票规章改革分析[EB/OL].http://www.zhazhi.com/lunwen/nykx/lssclw/42116.html, 2013-04-26.

崔宝敏. 2010. 天津市"以宅基地换房"的农村集体建设用地流转新模式[J]. 中国土地科学, (5):37-40.

单凯. 2012. 诸城市"集聚式"农村社区化发展对策研究[D]. 南昌：江西农业大学硕士学位论文.

单凯. 2013. 山东省诸城市农村社区化发展模式研究[J]. 北京农业, (8): 262-263.

杜军. 2011. 基于统筹城乡发展的土地资源优化配置研究[J]. 西南大学学报（自然科学版）, 32(10):153-158.

杜小娅, 陈慧梅. 2012. 万顷良田建设工程中农民生活保障模式探讨[J]. 中国集体经济, (2):6-7.

范卫东. 2014. 浅论金融创新的利与弊——从月饼票所想到的[J].会计师, (4):27-28.

方创琳. 2009. 中国城市化进程及资源环境保障报告[M]. 北京：科学出版社.

冯蓉晖. 2015. 我国典型宅基置换模式比较[J]. 江西农业学报, 27(1):113-118.

冯应斌, 杨庆媛, 慕卫东. 2016. 地票交易制度创新成效及其推广复制建议[J]. 经济体制改革, (6):193-196.

高洁, 廖长林. 2011. 英、美、法土地发展权制度对我国土地管理制度改革的启示[J]. 经济社会体制比较, (4): 206-213.

顾汉龙, 冯淑怡, 曲福田. 2014. 重庆市两类城乡建设用地增减挂钩模式的比较[J].中国土地科学, 28(9): 11-16.

关小克. 2013. 城乡建设用地空间置换的深度思考[J]. 中国国土资源经济, (6):43-46

郭振杰, 曹世海. 2009. "地票"的法律性质和制度演绎[J].政法论丛, (2):46-50.

国家发展改革委经济体制综合改革司调研组. 2010. 以农村社区化为切入点推进城乡一体化发展——山东省诸城市统筹城乡改革实践的调查[J]. 中国经贸导刊, (23): 15-17.

郝利花, 杜德权. 2011. 地票价格形成机制探讨[J].观察思考, (7):42-43.

贺艳华, 周国华, 龚翼. 2008. 城乡建设用地增加与农村建设用地减少相挂钩的空间体系研究[J]. 国土资源导刊, (4):52-54.

胡昌建, 田彩霞. 2011. 工资性收入对广西农民收入的贡献计量分析[J]. 致富时代月刊, （5）:37-37.

胡光汉. 2011. 江苏"万顷良田"工程下农村土地制度改革政策研究[D]. 南京：南京农业大学硕士学位论文.

胡嚣. 2011. 基于 SWOT 方法分析重庆地票制度[J]. 东方企业文化, (12): 145-147.

胡显莉, 陈出新. 2011. 重庆宅基地地票交易中的农民权益保护问题[J]. 重庆理工大学学报(社会科学), 25(11): 57-61.

胡运霞. 2008. 农村宅基地换房流转绩效研究——以天津市华明镇宅基地换房为例[J]. 小城镇建设, (4) :77-81.

胡韵. 2011. 地票制度研究——以解构重庆地票制度为视角[D]. 中国政法大学研究生院硕士学位论文.

扈映, 米红. 2010. 经济发展与农村土地制度创新——浙江省嘉兴市"两分两换"实验的观察与思考[J]. 农业经济问题, (2):70-76.

黄立. 2012. 重庆"地票"法律问题研究[D].西南政法大学硕士学位论文.

黄美均, 诸培新. 2013. 完善重庆地票制度的思考——基于地票性质及功能的视角[J].中国土地科学, (6):48-52.

黄旭军. 2010. 城乡建设用地增减挂钩的问题与对策[J]. 资源与人居环境, (8): 32-34.

黄忠. 2009. 浅议"地票"风险. 中国土地[J]，(9): 36-39.

黄忠. 2010. 重庆"地票"交易制度的再思考[J].重庆国土资源，(1):17-20.

黄忠.2013. 让市场发挥更大能量——地票制度再创新的思考[J].中国土地，(2):19-21.

季钦. 2014. "万顷良田"建设与乡村的终结[D]. 南京：南京大学硕士学位论文.

贾志鹏. 2010. 浅谈以宅基地换房的办法推进小城镇建设[J]. 天津经济，(10):55-56.

江苏省国土资源厅. 2008. 江苏省"万顷良田建设工程"试点方案[EB/OL]. http://www.doc88.com/p-863110640954.html.2016-07.

蒋萍. 2012. 重庆农村土地交易所地票交易风险及防范研究[D].西南大学博士学位论文.

靳相木，沈子龙.2010. 国外土地发展权转让理论研究进展[J]. 经济地理，30(10): 1706-1711.

靳相木,沈子龙.2010. 新增建设用地管理的"配额-交易"模型——与排污权交易制度的对比研究[J]. 中国人口·资源与环境, 20(7):86-91.

康维波，宋明爽. 2013. 山东城市化与农村社区发展规律探索[J]. 农村观察，(3): 9-14

黎智辉，张媛明. 2012. 万顷良田建设工程农民安置区规划设计研究[J]. 华中建筑，(10): 122-125.

李长健，梁菊. 2010. 农村土地流转国内外研究综述与展望[J]. 广西社会主义学院学报，21(2): 79-83.

李朝忠. 2013. 地票对城乡收入差距的影响研究[D]. 重庆：重庆工商大学硕士学位论文.

李瑞雪. 2015. 地票交易中农民权利保障体系研究[J]. 广西大学学报(哲学社会科学版)，37(1):104-110.

李升. 2016. 农村社区化的空间转型与农民的文化转型——以北京近郊区的调查为例[J]. 城市发展研究. 23，(2):52-56.

李碗思，李丹，罗万华.2013. 重庆地票制度的价格形成和利益分配研究[J]. 世界华商经济年鉴·科技财经，(1):172-173.

李旺君，王雷. 2009. 城乡建设用地增减挂钩的利弊分析[J]. 国土资源情报，(4):34-37。

李旭辉. 2014. 城市与乡村住房建设用地置换问题的现状分析[J]. 企业导报，(8): 177-178.

李勇坚.2014. 我国农村宅基地使用权制度创新研究[J].经济研究参考，(43):3-19.

李增元，李洪强. 2016. 农村社区化治理：现状、问题及对策[J]. 中州学刊，(4): 66-72

李志文. 2012. 宅基地换房的利弊及对策分析[J]. 辽宁行政学院学报，(4):21-23.

梁小青. 2011. 论重庆地票设计中的制度性风险[J].全国商情·理论研究，(8): 12-13.

林昕. 2016. 宅基地换安置房下的农民保护探析[J]. 福建广播电视大学学报，（1）：68-72.

凌成树，朱玉碧. 2012. 重庆市地票制度运行现状及问题研究[J]. 安徽农业科学，40(5): 3062-3064.

刘朝旭，雷国平. 2011. 重庆地票制度施行中存在的问题与对策[J].西部论坛，(1):32-36

刘国臻. 2008. 论英国土地发展权制度及其对我国的影响[J]. 法学评论，(4): 141-146.

刘力，邱道持. 2014. 农村社区化对农村建设用地变化的影响研究综述[J]. 生态经济. 30,(12):128-132.

刘延厚. 2016. 重庆地票激活城乡要素市场[EB/OL]. http://ghs.ndrc.gov.cn/zttp/xxczhjs/ zhsd/201607/t20160712_811081.html.2016-07-12.

刘彦随，刘玉，翟荣新. 2009. 中国农村空心化的地理学研究与整治实践[J]. 地理学报，64(10): 1193-1202.

卢新海，赵凯. 2011. "城乡建设用地增减挂钩"政策是对还是错[J]. 中国房地产，(9): 56-58.

鲁春阳，文枫，杨庆媛. 2010. "地票"收益如何分配[J]. 中国土地，(7): 45-46.

陆大道. 2007. 我国的城镇化进程与空间扩张[J]. 城市规划学刊，(4): 47-52.

吕跃进. 2002. 基于模糊一致矩阵的模糊层次分析法的排序[J]. 模糊系统与数学，16(2): 79-85.

马林靖，王燕. 2015. 苑佳佳. 快速城镇化中政府行为对失地农民就业的影响——基于天津"宅基地换房"试点镇调查的博弈分析[J]. 西部论坛，(1): 1-7.

马瑞霞. 2011. 地票交易法律问题初探[J]. 山西高等学校社会科学学报，23(7): 58-64.

马韶青. 2013. 土地发展权制度的国际比较与借鉴[J]. 大连大学学报，34(1): 53-57.

莫燕，刘燕，蒋伟. 2013. 浅议地票制度运行中的农民权益保障[J]. 新建设: 现代物业上旬刊，(1): 37-39.

倪羌莉. 2013. 江苏"万顷良田"工程的反思[J]. 经济研究导刊，186,(4):56-58.

宁涛，杨庆媛，候培，等. 2012. 重庆地票收益分配问题及对策研究[EB/OL]. 重庆: 西南大学硕士学位论文.

欧阳芳菲. 2010. 城镇建设用地增加与农村建设用地减少相挂钩初探[EB/OL]. 湖南省土地学会，2010年湖南省土地学会年会论文集. http://www.doc88.com/p-7438726986294.html.2016-06-20.

青仿，杨红军. 2010. 天津市华明镇示范镇宅基地换房小城镇发展模式简析[J]. 小城镇建设，(5):17-19.

邱继勤，邱道持. 2010. 重庆农村土地交易所地票解析[J]. 安徽农业科学，38(17): 9284-9286.

曲衍波，姜广辉，张凤荣，等. 2013. 城乡建设用地增减挂钩项目区的时空联建[J]. 农业工程学报，29(6): 232-244.

曲衍波，张凤荣，姜广辉，等. 2011. 农村居民点用地整理潜力与"挂钩"分区研究[J]. 资源科学，33(1): 134-142.

桑士达. 2015. 重庆"地票"交易改革的经验与启示[J].中国城市化，(9):43-46.

沈萍. 2010. 地票交易制度的创新、困境及出路[J].经济法论坛，(1):236-244.

沈萍，李仲豪. 2013. 重庆"地票"再探析[J].中国不动产研究，(6):166-174.

师武军. 2005. 关于中国土地利用规划体系建设的思考[J]. 中国土地科学，19(1):3-9.

司林波，孟卫东. 2011. 农村社区化进程中"被城市化"现象及对策分析[J]. 城市发展研究，18(4): 35-39.

孙芬，郑财贵，牛德利，等. 2013. 关于开放地票交易二级市场的思考[J].江西农业学报，(3):156-158.

覃琳，丘凌. 2012. 地票运行中的农民权益保障[J]. 中国土地，(7): 38-39.

谭新龙. 2010. 地票交易中各利益主体博弈的经济学分析[J]. 改革与战略，(3): 91-93,141.

唐志欣，王慧，李艳艳. 2014. 城乡建设用地增减挂钩的政策背景、运行模式及其问题探讨[J].曲阜师范大学学报，(1):102-106.

万国华. 2009. 宅基地换房中的若干法律问题[J]. 中国房地产，(3):52-53.

汪晖，陶然. 2009. 论土地发展权转移与交易的"浙江模式"——制度起源、操作模式及其重要含义. 管理世界[J]. (8):39-52.

王丹，张军. 2009. "万顷良田"项目中农村居民点拆迁及城镇化模式探讨——以江都市小纪镇为例[J]. 安徽农业科学. 37,(32):16142-16145.

王海鸿，李赛. 2011. 农民参与视角下城乡建设用地增减挂钩运作模式的构建[J].理论月刊，(11):

173-176.

王海玫，王丹 2009. "万顷良田建设工程"实施途径研究与实践——以江都市小纪镇为例[J]. 农技服务，26(8): 143-146.

王极，李淑杰，刘兆顺. 2012. 国家级开发区城乡建设用地增减挂钩效益分析——以长春经济技术开发区为例[J].安徽农业科学，40(26):13126-13128.

王婧. 2012. 城乡建设用地统筹置换机理与模式研究[D]. 北京：中国科学院博士学位论文.

王婧，方创琳，王振波. 2011. 我国当前城乡建设用地置换的实践探索及问题剖析[J]. 自然资源学报，26(9):1453-1466.

王君，朱玉碧，郑财贵. 2007. 对城乡用地增减挂钩用地模式的探讨[J]. 农村经济，(8): 29-31.

王林，赵恒婧. 2016. 重庆地票土地复垦阶段的风险分析[J]. 江苏农业科学，44(7):1-5.

王娜加. 2008.农村宅基地使用权的性质与物权重构[J].广州大学学报（社会科学版），(5):14-18.

王邵洪. 2013. 重庆地票交易问题研究[J].西南民族大学学报（人文社会科学版），(2):134-138.

王雅文，税伟，王晨懿. 2011. 成都市新津县城乡建设用地增减挂钩农民安置区人居环境满意度分析[J]. 地理与地理信息科学，27(5):74-78.

王妍,高立均,皮竟. 2009. 城乡统筹中农村社区化管理及运行机制研究——以重庆九龙坡区为例[J]. 南方农业，3(6):11-14.

王谊，刘晓燕，曾春新. 2013. 对重庆"地票"交易制度的思考[J].安徽农业科学，(6):2712-2717.

王振波，方创琳，王婧. 2012. 城乡建设用地增减挂钩政策观察与思考[J]. 中国人口·资源与环境，22(1):96-102.

王志宪，马红霞，姜慧. 2013. 农村集体土地流转问题研究——以天津市宅基地换房模式为例[J]. 青岛科技大学学报，(4):65-88.

魏峰,郑义,刘孚文. 2010. 重庆"地票"制度观察[J].中国土地，(5):32-34.

魏凤，于丽卫. 2011. 农户宅基地换房意愿影响因素分析——基于天津市宝坻区8个乡镇24个自然村的调查[J]. 农业技术经济，(12):79-86.

魏凤，于丽卫. 2012. 基于Logistic模型的农户宅基地换房意愿影响因素分析——以天津市宝坻区为例[J]. 经济体制改革，(2) :90-94.

魏鑫. 2012. 万顷良田土地整治促进节约集约——以江苏省昆山市为例[J].中国土地，(4): 48-50.

文思北，罗海波，吴琳娜. 2012. 基于模糊综合评价法的城乡建设用地增减挂钩效益分析：以贵州省关岭自治县为例[J].贵州农业科学，40(10):177-180.

吴娟. 2011. 论农村集体建设用地流转法律制度的完善[D]. 重庆：西南政法大学硕士学位论文.

吴琨. 2011. 基于TDR制度的重庆市地票交易模式优化研究[D]. 重庆：重庆大学硕士学位论文.

伍学林. 2011. 成都市城乡建设用地增减挂钩放点的经验与启示[J]. 软科学，25(5):99-101.

夏晶晶，周晴川，黄琼，等. 2013. 地票制度中的农民权益保护[J]. 法制与社会，(6):219-221.

夏鸣. 2011. 以农为先有序统筹城乡发展——"万顷良田建设工程"理念及实践[J]. 中国延安干部学院学报，4(1): 101-105.

向勇. 2010. 宅基地换房经营主体制度创新探讨[J]. 嘉兴学院学报，22(4):36-39.

谢必如. 2016-3-21. 重庆地票七年[N]. 中国国土资源报，(3).

谢来位. 2011. 成渝地票交易制度及其价格形成机制比较[J]. 价格理论与实践，(8): 43-44.

刑岩. 2007. 模糊互补矩阵排序向量的求解算法[J]. 北京师范大学学报：自然科学版，43(2):114-119.

许东. 2010. 创新土地交易模式，促进城乡统筹发展——地票交易制度研究[EB/OL]. https://wenku.baidu.com/
  view/b1f84c18964bcf84b9d57bb3.html?from=rec&pos=0&weight=2&lastweight=1&count=5.2010-10-11.

薛婷. 2011. 浅谈地票制度创新与困境[J].经济论丛，(4):136.

闫文. 2013. 基于"宅基地置换"角度的城乡建设用地统筹利用机制探索[J]. 经济视角旬刊, (8): 146-147.

严伟涛. 2012. 重庆农村土地"地票交易"价格机制探析[J]. 农业经济，(5):102-103.

杨成林. 2013. 天津市"宅基地换房示范小城镇"建设模式的有效性和可行性[J]. 中国土地科学，
  (2):33-38.

杨苏琳. 2014. 探析基于城乡统筹发展的农村社区化建设经验——以开远市旧寨社区为例[J]. 当代经
  济, (14): 24-26.

杨园园，王冬艳，栗振岗. 2011. 城乡建设用地增减挂钩中土地权属调整的研究[J]. 中国农学通报，
  32(27):133-137.

易可君. 2011. "地票"交易：破解用地瓶颈的制度创新[J].中国房地产，(9):54-55.

易小燕，陈印军，肖碧林，等. 2011. 城乡建设用地增减挂钩运行中出现的主要问题与建议[J]. 中国农
  业资源与区划，32(1):10-13.

易小燕. 2011. 基于资源集聚的万顷良田建设工程评析——以江苏省如皋市为例[J]. 中国食物与营养，
  17(12):22-25.

银正宗. 2011. 天津市宅基地换房推进城市化中的农民利益保护问题研究[D]. 天津：天津大学硕士学位
  论文.

尹亚姝，徐伟根，吕学敏. 2010. 农村土地承包经营权流转制度研究——以嘉兴市"两分两换"土地流
  转方式为例[J]. 农村经济，(14):34-34.

尹贻林，卢晶. 2008. 基于集值—层次分析的公共政策风险分析[J]. 西安电子科技大学学报：社会科学
  版，4(18):12-16.

于丽卫，王刚. 2014. 天津市"宅基地换房示范小城镇"建设模式有效性分析[J]. 农业经济与科技，
  25(7):203-204.

于少康，李爱新，帅佳良. 2010. 城乡建设用地增减挂钩的相关问题探讨[C]. 中国土地学会. 2010 年中国
  土地学会学术年会论文集. http://cpfd.cnki.cn/Articlel CPFDTOTAL-OGTX201012001022.htm.2012-07.

余斌. 2010. 经济学的真相：宏观经济学批判[M]. 北京：人民邮电出版社.

庾莉萍. 2010. 农村宅基地使用权流转的思考[J]. 中国房地产金融，(3):29-33.

岳永兵，黄洁，张超宇. 2011. 宅基地换房过程中宅基地价值补偿的思考[J]. 国土资源科技管理.
  28,(4):95-99.

臧俊梅，张文方，李明月. 2010. 土地发展权制度国际比较及对我国的借鉴[J]. 农村经济，(1): 125-129.

詹明民. 2010. 农村宅基地换房中存在问题的法律思考[J]. 东方企业文化, (3):47.

张东一. 2011. 地票制度形成的土地增值利益分配结构研究[J]. 中国不动产法研究, (0):186-195.

张飞. 2016. 增减挂钩对城乡统筹发展的影响机理与效应研究[J]. 中州学刊, (8):35-40.

张凤荣, 张琳. 2006. 耕地保护如何纳入政绩考核体系[J]. 中国土地, (8): 10-11.

张红星, 桑铁柱. 2010. 农户利益保护与交易机制的改进——来自天津宅基地换房模式的经验[J]. 农村经济问题, (5):10-16.

张文波. 2012. 成渝地票制度之必要性与可行性问题研究[D]. 重庆: 西南政法大学硕士学位论文.

张晓平, 邹自力, 刘红芳. 2012. 基于城乡建设用地增减挂钩的农村居民点整理现实潜力研究[J]. 中国农学通报, 28(2): 125-128.

张秀吉. 2011. 农村社区化建设中的利益多元与治理——以齐河县农村合村并居为例[J]. 山东社会科学, (2):86-90.

张旭, 廖和平, 杨伟. 2012. 浅析城乡建设用地增减挂钩对新农村建设的作用[J]. 西南师范大学学报, 35(5):135-139.

张颖举. 2013. 快速推进的农村社区化与公共投资困境的凸现——基于一个中部经济强县（市）的讨论[J]. 理论导刊, (10):83-86.

张勇超, 陈荣清. 2015. 武汉市城乡建设用地增减挂钩实施缘由及效果分析[J]. 湖北民族学院学报, 33(2):235-240.

张宇, 欧名豪. 2006. 钩, 该怎么挂——对城镇建设用地增加与农村建设用地减少相挂钩政策的思考[J]. 中国土地, (3): 23.

张泽梅. 2012. 重庆地票交易价格问题研究[J]. 社会科学研究, (6): 30-33.

张震霞. 2012. 地票交易制度研究[D]. 福州: 福建师范大学硕士学位论文.

赵得军, 薛红琳, 曹春燕, 等. 2011. 万顷良田建设工程系统分析[J]. 安徽农业科学, 39(15):9382-9386.

赵金龙, 胡建, 许月明. 2011. 城乡建设用地增减挂钩政策分析[J]. 湖北农业科学, 50(21):4518-4520.

赵小风, 黄贤金, 王小丽, 等, 2013. 基于城乡统筹的农村土地综合整治研究——以南京市靖安街道"万顷良田建设"为例[J]. 长江流域资源与环境. 22,(2):158-163.

赵行平. 2012. 地票交易的法律问题研究[D]. 武汉: 华中科技大学硕士学位论文.

钟杨, 李颖颖. 2014. 地票交易制度风险评析研究[J]. 西南农业大学学报: 社会科学版, (1): 15-20.

周彬蕊, 周吉. 2011. 重庆地票制度相关问题解决路径研究[J]. 安徽农业科学, 39(29):18213-18214.

周京奎, 吴晓燕, 胡云霞. 2010. 集体建设用地流转模式创新的调查研究——以天津滨海新区东丽区华明镇宅基地换房为例[J]. 调研世界, (7) :24-26.

周中举. 2008. 论农村建设用地使用权的流转[J]. 农村经济, (3):86-89.

朱琳. 2010. 城乡建设用地增减挂钩政策研究[D]. 重庆: 西南大学硕士学位论文.

朱少卿. 2010. 基于地票交易的城乡建设用地增减挂钩筹融资探讨[D]. 江西农业大学硕士学位论文.

诸培新, 刘玥汐. 2012. 江苏省"万顷良田建设工程"中集体建设用地流转增值收益分配与机制创新[J]. 中国土地科学, 26,(10):4-8.

诸培新，王敏，胡军. 2015. 农村土地整治的区域条件与微观农户意愿研究——以南京市万顷良田工程为例[J]. 南京农业大学学报（社会科学版），(1):61-67.

庄杜明. 2005. 加强农村建设用地整理拓展城镇建设用地空间——关于落实"城镇建设用地增加与农村建设用地减少相挂钩"政策的思考[J]. 国土资源通讯，(19): 37-38.

Ewing, R 2009. When quantitative research trumps qualitative-what makes transfer of development rights work. [J]. Journal of the American Planning Association, 75(1): 186-198.

McConnell V, Walls M, Kopits E. 2006. Zoning TDRs and the density of development[J]. Journal of Urban Eco-nomics, (59)：440-457.

Nelson A C, Pruetz R, Woodruff D. 2012. The TDR Handbook(Designing and Implementing Transfer of Development Rights Programs). Washington, DC.: Island Press. 75-91.

Oates W E, Portney P R, McGartland A M. 1989. The net based regulation: a case study of environ-mental standard setting[J]. American Economic Review, (79): 1233-1242.

Pruetz R, Pruetz E. 2007. Transfer of development rights turns 40[J]. American Planning Association Planning&Environmental Law, 59(6)：3-11.

Pruetz R, Standridge N. 2009. What makes transfer of development rights work [J]. Journal of the American Planning Association, 75(1): 212-220.

Pruetz R. 2003. Beyond Takings and Givings: Saving Natural Areas, farmland and historic landmarks with transfer of development rights and Density Transfer Charges[M]. California: California Arje Press.

Richards,D A. 1972. Development rights transfer in New York City[J].The Yale Law Journal, 82(2):338-372.

Tan M, Li X, Lu C. 2005. Urban land expansion and arable land loss of the major cities in china in 1990s[J]. Science in China, 48(9): 1492-1500.

Tavares A. 2003. Can the market be used to preserve land. The Case for Transfer of Development Rights[EB/OL]. http://www-sre.wu-wien.ac.at/ersa/ersaconfs/ersa03/cdrom/papers/292.pdf.2015-09-16.

Thorsnes P, Simons G P W. 1999. Letting the market preserve land: the case for a market-driven transfer of development rights program[J]. Contemporary Economics Policy, 17(2): 255-266.

Walls M, McConnell V. 2007. Transfer of Development Right in U.S. Communities [EB/OL].sustain.scag. ca.gov/Docunents/RFF%20Walls_Sep_07_TDR_Report.pdf. 2015-09-20.

Weber M, Adamowicz W. 2002. Tradable land-use rights for cumulative environmental effects management[J]. Canadian Public Policy, 28(4): 581-595.